Guía de la
Bruja del Bosque

MAGIA
TRADICIONAL

Título original: *The Witch of the Forest's Guide to Folklore Magick*

© 2025 Librero b.v. (edición española)
www.librero.nl

Primera edición en 2025 a cargo de Leaping Hare Press,
un sello editorial de The Quarto Group.

Texto © 2025 Lindsay Squire
Diseño e ilustraciones © 2025 Quarto

Cubierta e ilustraciones del interior: Viki Lester, de Forensics & Flowers
Diseño: Georgie Hewitt

Producción de la edición española:
Traducción: Montserrat Ribas Casellas
para Delivering iBooks & Design
Redacción y maquetación:
Delivering iBooks & Design, Barcelona

Distribución exclusiva de la edición española:
Librero IBP S. L.
C/ Paseo de los Olmos, n.º 20
Planta 1.ª, oficina 7
28005 Madrid, España
www.librero-ibp.es

Impreso en China
ISBN: 978-94-6499-030-0

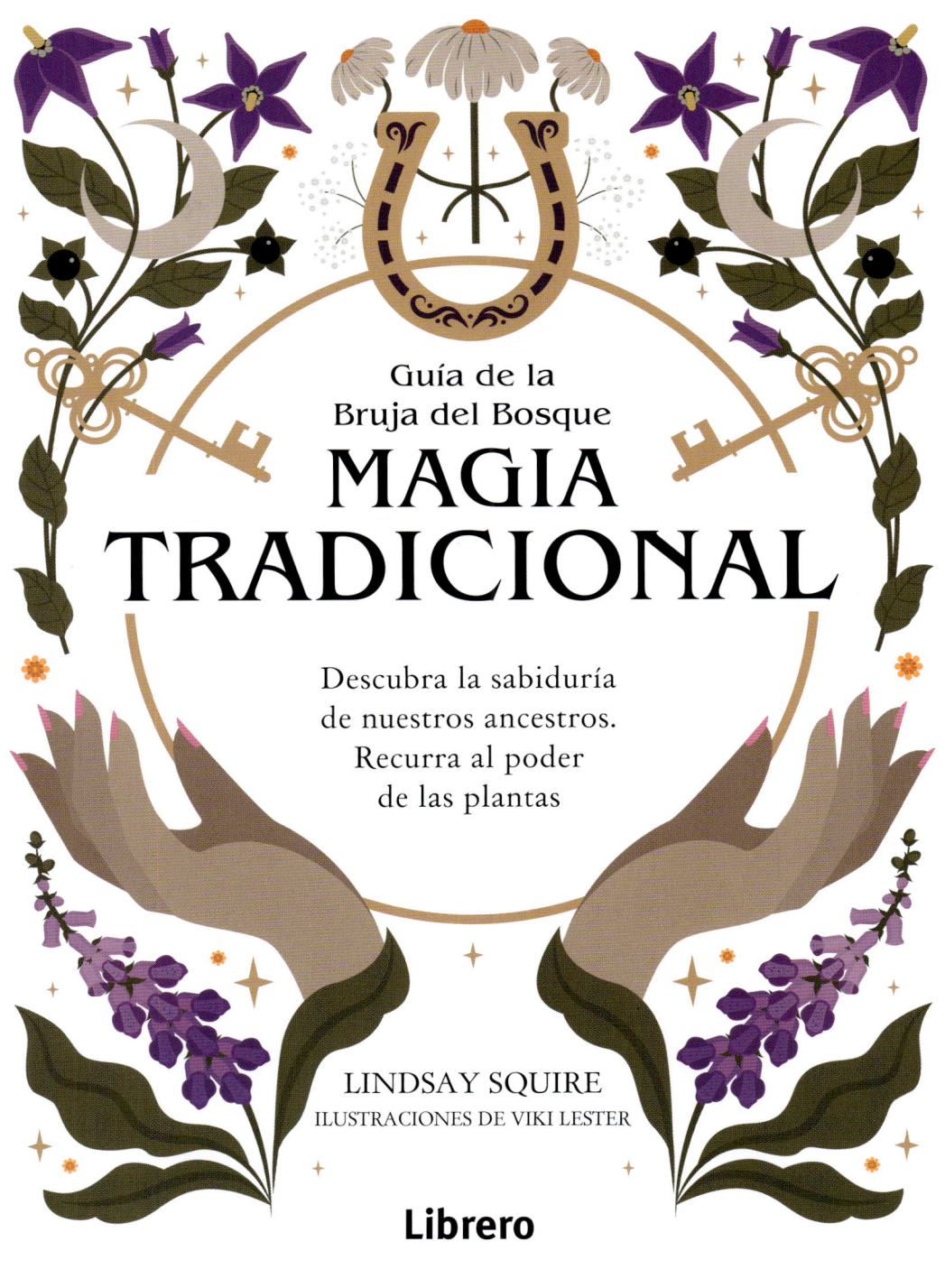

Guía de la
Bruja del Bosque

MAGIA
TRADICIONAL

Descubra la sabiduría
de nuestros ancestros.
Recurra al poder
de las plantas

LINDSAY SQUIRE

ILUSTRACIONES DE VIKI LESTER

Librero

ÍNDICE

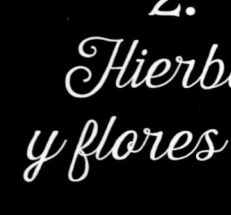

3.
Árboles 134

4.
Las hierbas nocivas en el saber popular 154

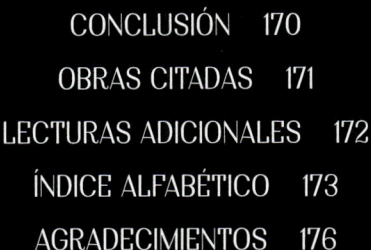

INTRODUCCIÓN

Aunque probablemente me considere una bruja ecléctica, ya que mi práctica contiene elementos de todos los tipos de brujería que he practicado a lo largo del tiempo, debo decir que en los últimos diez años la magia popular ha ido cobrando importancia en mi trabajo. Nunca me he sentido atraída por los hechizos y rituales complicados que requieren ingredientes caros y difíciles de encontrar. Siempre he valorado la simplicidad en mi práctica, y utilizo lo que tengo a mano, ya sea en la naturaleza, en mi propia casa o en tiendas de segunda mano; los objetos cotidianos son esenciales en mi práctica. Esta es la esencia de la magia popular; debe ser asequible para todo el mundo, es decir, de bajo coste o incluso gratuita, y accesible a todas las personas. Esto es lo que más me gusta de la magia popular.

Últimamente he estado leyendo mucho sobre el folclore en general, más allá de la magia popular. La palabra «folclore» o «folklore» está compuesta de dos términos: «folk», derivado de la palabra alemana *volk*, que significa «pueblo, gente», y «lore», que en inglés significa «historias, relatos». El folclore son las antiguas historias del pueblo que tienen sus raíces en un modo de vida más antiguo. El folclore es una colección de creencias no escritas, de prácticas y tradiciones que durante siglos han pasado de forma oral de una generación a otra.

La palabra alemana *volk* originalmente se refería a la gente común de las clases bajas de la sociedad, aunque más tarde pasó a significar un grupo de personas en general. Uno de los numerosos grupos (en diversas culturas) que entraban en esta categoría eran quienes practicaban la brujería. Aunque es cierto que las brujas solían ser mujeres sabias y solitarias, la «gente astuta», las parteras o las curanderas del pueblo a las que acudía la gente para curarse de todo tipo de enfermedades, existen pruebas de que en algunas culturas y países, en especial en Europa, numerosos hombres practicaban también la brujería y trabajaban como sanadores, y esto es algo que no se reconoce lo suficiente. Independientemente del género, todos eran sanadores a su modo, y la mayoría de estas brujas procedían de las clases bajas de sus comunidades. Casi nunca anotaban por escrito su práctica medicinal y mágica, sino que transmitían su conocimiento de forma oral a la siguiente generación de brujas y sanadores.

Por ser gente común, los practicantes populares como las brujas eran demonizados por las clases dirigentes de la época, a quienes desagradaban las antiquísimas creencias que no comprendían, y a menudo las consideraban prácticas diabólicas. Así era como las brujas eran marginadas de la sociedad. Las creencias y las prácticas populares fueron asimismo cristianizadas, convirtiendo a los espíritus locales en santos u otras figuras cristianas; por ello se hizo esencial que el folclore fuera transmitido a las siguientes generaciones, para preservar el conocimiento mágico y medicinal acumulado a lo largo de siglos.

El folclore es un vínculo importante con nuestro pasado, que nos ayuda a comprender y a aprender sobre las prácticas de brujas que nos precedieron, y a seguir el camino que nuestros antepasados recorrieron antes que nosotros. Aprender sobre folclore es establecer una relación muy especial con el mundo natural y comprender los poderes curativos y mágicos de la naturaleza, tal como nuestros ancestros hicieron en el pasado. El folclore nos permite enseñar y preservar la práctica, el conocimiento y las tradiciones de la brujería para que no se pierdan con el transcurrir del tiempo. Asimismo, nos ayuda a acercarnos al mundo natural que nos rodea y a enriquecer nuestra propia práctica de brujería.

Las hierbas, las flores y los árboles desempeñaron un papel crucial en la práctica de la brujería a lo largo de los siglos, lo mismo que ahora, y existe un antiguo y rico folclore asociado a ellos. Esta es la inspiración del presente libro: el asombroso saber popular de esas ofrendas naturales, así como sus tradicionales usos mágicos y medicinales. Las hierbas, las flores y los árboles que se presentan en este libro han sido elegidos de forma concreta porque son comunes a muchos países del mundo y son fáciles de encontrar en la naturaleza (o bien se pueden adquirir por poco dinero).

Espero sinceramente que el folclore del libro le inspirará y enriquecerá su práctica, acercándole a los increíbles poderes medicinales y mágicos de la naturaleza para potenciar su propio bienestar y sus prácticas curativas.

Con todo mi cariño,
Lindsay

COSAS QUE DEBE SABER
antes de leer el libro

¿Qué es el folclore?

El folclore se refiere a historias, creencias, tradiciones y mitos de un grupo específico de personas de una cultura que han sido transmitidos oralmente a lo largo de generaciones, en lugar de por escrito. Un ejemplo de ello es la asociación de la herradura con la suerte y la buena fortuna. La leyenda afirma que se consideró un símbolo afortunado cuando un herrero clavó una herradura en la pezuña hendida del diablo. Le causó un gran dolor y a partir de entonces el diablo prometió no cruzar el umbral de una casa que tuviera una herradura clavada sobre la puerta de entrada.

¿Qué es el folclore verde?

El folclore verde, el tema central del libro, son las historias y leyendas de numerosas culturas que se han transmitido de forma oral, referentes a las hierbas, flores y árboles.

¿Cómo puede el folclore enriquecer mi práctica actual?

A medida que vaya leyendo los relatos populares del libro asociados con hierbas, flores y árboles, comprenderá mejor sus propiedades mágicas y medicinales, en un nivel más profundo. Los relatos populares ayudan a comprender no solo de dónde provienen las hierbas, sino también los usos que les dieron, y eso enriquecerá su práctica personal de la brujería.

¿Qué es la magia popular o folclórica?

Se trata de los hechizos y rituales mágicos que han pasado de generación a generación a lo largo de los siglos. En el contexto de este libro, es el modo en que culturas como las de la antigua Grecia, Egipto y Roma, así como los celtas y practicantes de Europa del este, utilizaban las hierbas, especias y flores en los hechizos. Familiarizarse con el saber botánico no solo le brinda un buen conocimiento sobre cómo usar hierbas, especias, flores y árboles en sus hechizos y rituales mágicos, sino que también le enseña a emplear estos ingredientes como remedios. Muchos de nuestros medicamentos actuales tienen su origen en el mundo natural (como la corteza de sauce en el caso de la aspirina), así que conocer las propiedades medicinales de las hierbas contribuye a tener el poder de los remedios naturales en sus propias manos.

1

HERBOLARIO POPULAR PRÁCTICO

Antes de adentrarse en el folclore asociado con las hierbas, especias, flores y árboles, en este capítulo aprenderá sobre los diferentes modos de empleo de estos ingredientes naturales en su práctica.

En los capítulos dos y tres encontrará referencias a diferentes tipos de preparaciones de hierbas que pueden usarse tanto desde el punto de vista mágico como de su vertiente medicinal. En el presente capítulo encontrará una descripción de lo que son cada uno de estos específicos y cómo prepararlos. Describiré mis métodos personales para preparar cada uno de ellos, pero existen otros muchos, por lo que usted debe elegir el que le parezca más adecuado para su práctica.

TÉ

El té es una bebida con cafeína procedente de la planta *Camellia sinensis* e incluye el té blanco, verde y negro. El té de hierbas no contiene cafeína y se prepara con hierbas, raíces o tallos. El té es probablemente el uso más popular de una hierba, con fines tanto mágicos como medicinales. Disfrutar de una taza de té de hierbas es una experiencia meditativa, así como una forma fácil de introducir las hierbas en su rutina diaria. Puede preparar sus propias mezclas con hierbas sueltas o el contenido de bolsitas. Los residuos de hierbas que quedan en el fondo de la taza se pueden usar para la taseomancia (lectura de las hojas del té).

La forma más fácil de preparar una taza de té es con una bola infusora, que puede comprar en Internet a un precio muy asequible.

Se aconseja usar hierbas, especias o flores secas y trituradas para que quepan fácilmente en el infusor. Guarde sus hierbas para el té en un tarro en un lugar fresco y oscuro; sus cualidades medicinales y mágicas serán más intensas.

Ponga la mezcla de hierbas de su elección en la bola infusora y sumérjala en una taza de agua caliente (aunque no hirviendo), dejándola reposar de 5 a 10 minutos antes de beberla. Las hierbas delicadas, como la albahaca y el cilantro, solo precisan de 5 a 7 minutos, mientras que otras más robustas, como el romero, el tomillo y la salvia, deben reposar un poco más de tiempo.

Si no va a tomar su bebida al momento, déjela enfriar y guárdela en el frigorífico; se conserva bien durante 3 días.

INFUSIÓN

Todos los tés son técnicamente infusiones, pero estas se preparan con mayor cantidad de materia vegetal (hierbas, frutas, raíces y hojas) que una taza de té de hierbas. Otra diferencia significativa es que la materia vegetal se deja reposar en el agua caliente más tiempo que el té. Mientras que el té se deja reposar hasta 10 minutos, las infusiones precisan de 30 minutos a dos horas, con el resultado de una bebida más intensa y de fuerte sabor.

Para preparar una infusión, ponga al menos el doble de material del que necesitaría para una taza de té en un frasco o tetera, y llénelo con agua caliente (pero no hirviendo). Déjelo reposar un mínimo de una hora, pero no más de dos. Transcurrido ese tiempo, cuele las hierbas y descártelas; su infusión estará lista para tomar.

Las infusiones tienen otros usos mágicos. Dependiendo de la mezcla de hierbas elegida, puede utilizarlas para fregar suelos, limpiar muebles, paredes, puertas y espejos, o bien para un baño ritual si las vierte en el agua de la bañera. Guarde las infusiones en el frigorífico hasta 3 días si no las toma al momento.

TISANA

Una tisana es un tipo de té de hierbas más intenso que se deja reposar mucho más tiempo que un té normal. Las tisanas se preparan remojando las hierbas en agua caliente para extraer sus propiedades mágicas y medicinales, de modo muy parecido a los tés y las infusiones. La diferencia es que se dejan reposar varias horas, incluso días. La tisana más famosa es la de manzanilla. Se prepara exclusivamente con flores aromáticas de manzanilla y no contiene cafeína, lo cual la ha hecho siempre muy popular entre las brujas, tanto las actuales como las del pasado.

Para preparar una tisana, ponga las hierbas, especias y flores de su elección en un tarro de vidrio con agua caliente (pero no hirviendo) y déjelo reposar de 4 horas hasta unos cuantos días, en un lugar fresco y oscuro. Una vez transcurrido el tiempo, cuele la materia vegetal con un colador de té, tamiz o estopilla, y la tisana estará lista para beber. Guárdela en el frigorífico de 2 a 3 días si no la toma al momento.

ACEITE

Los aceites son otra forma popular de utilizar las hierbas con fines medicinales y mágicos. Son más apropiados para el uso externo y se pueden aplicar a picaduras o mordeduras de insectos, o incorporarlos a su trabajo de hechizos untándose usted o sus instrumentos rituales y velas. En el siglo XIX, la bruja irlandesa Biddy Early usaba a menudo aceites de hierbas en sus prácticas curativas para sanar tanto a animales como a la gente de su comunidad, que acudían a ella con todo tipo de dolencias.

Para preparar un aceite, escoja primero un aceite de base o portador, como el de semillas de uva, almendra u oliva. Pique las hierbas, plantas, especias o flores elegidas, ya sean secas o frescas, en trocitos pequeños. Introduzca la materia vegetal en un tarro hermético y llénelo con el aceite portador. Una vez lleno, tápelo bien y guárdelo en un lugar fresco y oscuro; agite el recipiente de forma regular. Déjelo en infusión 4 semanas, escurra la materia vegetal y su aceite estará listo para usar.

Para preparar un aceite más intenso, una vez coladas las hierbas añada otro lote de hierbas al aceite colado, en la misma cantidad anterior, y déjelo reposar otras 4 semanas; agite el frasco diariamente. Al cabo de este tiempo, cuele el aceite y descarte la materia vegetal. Si lo que quiere es un aceite de alta concentración, repita el proceso una tercera vez, dejándolo reposar un mes más antes de usarlo. Una vez preparado, el aceite de hierbas se conserva hasta 6 meses guardado en un lugar fresco y oscuro.

La cantidad exacta de aceite y hierbas se da en cada receta del libro, pero si no está seguro de qué cantidad usar al preparar sus propias recetas, un buen punto de partida es emplear el triple de aceite que de hierbas haya en el frasco.

TINTURA

La tintura se prepara de un modo muy similar al aceite, pero en lugar de este se usa alcohol. A diferencia de los aceites, las tinturas suelen ser de uso interno: con un gotero, se ponen unas gotas bajo la lengua o se añaden a algún alimento o bebida. La dosis diaria de tintura es, por lo general, de 20 a 60 gotas, pero repartida en tres veces a lo largo del día.

Para preparar una tintura, llene un frasco hermético con las hierbas de su elección y llene el resto con alcohol de 40° a 50°. El vodka es una buena elección por su elevado contenido en alcohol y por su sabor poco intenso, así que predominará el de las hierbas. Una regla general es emplear una parte de hierbas por cinco de alcohol; no obstante, para las hierbas, especias y flores de este libro, cada receta de tintura indica las cantidades exactas. Para una tintura básica, unos 110 g de hierbas precisarán unos 600 ml de alcohol.

Guarde el frasco en un lugar fresco y oscuro, y deje infusionar las hierbas en el alcohol un mínimo de 4 semanas (nunca más de 6; agite el frasco regularmente. Cuanto más tiempo deje las hierbas en el alcohol, más concentrada será la tintura. Transcurrido el tiempo, cuele la mezcla de hierbas con una estopilla sobre un bol y exprima la mayor cantidad de líquido posible. Vierta el alcohol en una botella de color oscuro y etiquétela con la fecha. Guarde la botella lejos de la luz solar directa.

Como el alcohol es un conservante, puede guardar su tintura hasta 1 año, e incluso hay algunas que se conservan varios años.

POMADA

Las pomadas de hierbas (conocidas también como bálsamos o ungüentos) son fáciles de preparar y se frotan en el cuerpo para aliviar afecciones cutáneas o dolores musculares. Son similares a los bálsamos, aunque estos son algo más consistentes. A veces se llaman ungüentos, y uno de los más famosos en la práctica de la brujería es el que servía para volar. En el pasado, las brujas se untaban el cuerpo con este ungüento alucinógeno, preparado con hierbas psicotrópicas como la belladona y la dedalera, para acudir a los aquelarres mediante el viaje astral.

Para una pomada, primero debe preparar un aceite de hierbas como base (*véase* pág. 18). Elija las hierbas, plantas y flores de acuerdo con el uso mágico o medicinal que quiera darle (véase capítulo 2 para algunas ideas). Si no tiene un aceite de hierbas, puede utilizar un aceite portador como el de semilla de uva o de jojoba.

Una receta básica para una pomada lleva 235 ml de aceite (solo o con infusión de hierbas) y hasta 30 g de cera de abeja. Si emplea aceite sin infusión, puede añadir hasta 50 gotas de aceites esenciales de las hierbas medicinales elegidas, pero antes se debe comprobar que el aceite que haya elegido sea seguro para uso cutáneo. Las diferentes mezclas de aceites requieren distintas proporciones del aceite esencial y del portador para diluirlos de forma segura antes de aplicarlos sobre la piel. Ponga la cera de abeja y el aceite solo o con infusión de hierbas al baño maría, removiendo hasta que se hayan fundido por completo. Una vez fundidos, retire el recipiente del fuego y añada los aceites esenciales que desee; remueva bien. Con la mezcla aún caliente, vierta el líquido en un frasco hermético y espere a que se enfríe. Deje reposar la pomada toda la noche para que endurezca y ya estará lista para usar. Guárdela en un lugar fresco y oscuro. Las pomadas de hierbas se conservan hasta un año.

Para un bálsamo consistente, la proporción general de cera de abeja y aceite es de 1:3.
Para una pomada semisólida, la proporción general de cera de abeja y aceite es de 1:4.
Para una pomada más fluida, la proporción general de cera de abeja y aceite es de 1:5.

LINIMENTO

El linimento es un remedio de uso tópico que se frota en el cuerpo para aliviar el dolor y la rigidez de músculos y tejidos blandos. El alcohol sanitario y el hamamelis se suelen usar como base de un linimento (con otras hierbas de su elección), ya que la piel los absorbe fácilmente, llevando las propiedades de las hierbas hacia el interior del cuerpo. Como base también puede utilizar aceite, pero el efecto no es tan inmediato como el del linimento con base de alcohol o hamamelis.

Entre las hierbas más adecuadas para un linimento están la consuelda, la árnica, la corteza de sauce, la milenrama y la manzanilla, ya que todas ellas calman la inflamación y alivian el dolor. Un linimento famoso que se vendía en Inglaterra a finales del siglo XIX era el «A.B.C. Liniment»; sus tres principales ingredientes eran el acónito, la belladona y el cloroformo, todos ellos hierbas y sustancias peligrosas.

¡No es de extrañar que se dieran muchos casos de envenenamiento al usarlo!

Para preparar un linimento, ponga 1-2 cucharadas de las hierbas de su elección (secas o frescas) en un frasco hermético limpio. Vierta el suficiente hamamelis, alcohol sanitario o vodka en el frasco para cubrir las hierbas y déjelo en un lugar fresco y seco de 4 a 6 semanas; agítelo diariamente. A continuación, cuele las hierbas con una estopilla, exprimiendo la máxima cantidad de líquido posible, y vuelva a verterlo en el frasco. Si piensa añadir aceites esenciales, ahora es el momento. Su linimento está listo para usar. Agite el frasco antes de cada uso.

Como el alcohol y el hamamelis son conservantes, su linimento mantendrá sus propiedades unos cuantos años si lo guarda en un lugar fresco y oscuro.

JARABE

Los jarabes son infusiones o decocciones conservadas con azúcar o miel que se emplean para aliviar el dolor de garganta y la tos. El dulzor del jarabe ayuda a disimular cualquier sabor desagradable de las diferentes materias vegetales utilizadas.

La base del jarabe es una decocción, un té preparado a fuego lento con bayas secas, raíces, semillas o corteza de árbol, similar a una infusión pero mucho más concentrada. Para preparar un jarabe, pique la materia vegetal elegida y añada el agua suficiente para cubrirla. Cuézalo a fuego lento de 30 a 45 minutos. Retire la cacerola del fuego, cuele el líquido y descarte las hierbas. En este punto puede añadir 2 cucharadas de hierbas más delicadas como albahaca, eneldo, cilantro o cualquier otra flor demasiado frágil como para soportar tanto tiempo de cocción.

Vuelva a poner la cacerola con el agua de infusión y las hierbas a fuego lento y déjelo cocer de 10 a 15 minutos. A continuación, cuele y descarte las hierbas y añada una cantidad de miel igual a la del líquido que queda en la cacerola. Caliente la mezcla de 5 a 10 minutos, hasta que el jarabe espese, antes de verterlo en un frasco hermético. Una vez enfriado, estará listo para usar y se conservará hasta un mes.

Uno de los jarabes más populares utilizados por los curanderos, mujeres sabias, brujas o no brujas, es el jarabe de saúco. Se emplea como eficaz remedio para prevenir resfriados, ya que una taza de bayas de saúco contiene casi el 60% de la ingesta diaria recomendada de vitamina C, convirtiéndolo en una fuente de antioxidantes.

CATAPLASMA
o emplasto

El cataplasma se utiliza para aplicar las hierbas en forma de pasta directamente sobre la piel, y sirve para tratar dolores, pequeñas heridas, mordeduras de insectos, sarpullidos e inflamaciones. Entre las hierbas que se recomiendan para este fin están el limoncillo, el jengibre, la cúrcuma y el alcanfor.

Existen muchas formas diferentes de preparar un emplasto. Un método fácil es trocear las hierbas elegidas (frescas o secas), ponerlas en una bolsita de muselina o lino y dejarlas en remojo en agua caliente 5 minutos. Saque la bolsa del agua. Aplaste las hierbas dentro de la bolsa con un rodillo de cocina, para triturarlas antes de volver a ponerlas en el agua caliente 5 minutos más, o hasta que se hayan ablandado por completo. Una vez hecho todo esto, el cataplasma estará listo para ser usado y podrá aplicar las hierbas de la bolsa sobre la zona afectada. Déjelo allí de 10 a 15 minutos. Los cataplasmas pueden aplicarse calientes o enfriados, todo dependerá del uso que quiera darles. Los calientes aumentan el riego sanguíneo hacia la zona y sirven para tratar golpes y abcesos, mientras que los cataplasmas fríos alivian las quemaduras solares y las mordeduras de insectos, reduciendo la inflamación.

La forma más tradicional de preparar un cataplasma es la siguiente: muela unas cuantas cucharadas de cada una de las hierbas elegidas en un mortero o batidora y añada un poco de agua caliente, la suficiente para formar una pasta espesa con la mezcla. Extienda la pasta de hierbas directamente sobre la piel y déjela actuar de 10 a 15 minutos. La pasta refrigerada se conserva hasta tres días.

Los emplastos son uno de los numerosos métodos curativos que las mujeres sabias de principios de la era moderna utilizaban en Europa. También lo usaban las brujas, como la francesa Barbe Barbier, que en 1613 empleaba cataplasmas, infusiones, jarabes y tés para tratar los males y las dolencias que presentaban sus «pacientes».

COMPRESA

Al igual que el cataplasma, la compresa se aplica directamente sobre la piel. La diferencia es que en lugar de extender las hierbas sobre la zona afectada, hay que empapar un paño en la solución de hierbas preparada de antemano y luego aplicarlo sobre el cuerpo. Las compresas calientes se usan para aliviar los dolores musculares y estimular la circulación sanguínea y el sistema linfático. Las compresas frías contraen los vasos sanguíneos y son buenas para tratar temas como fiebre, dolores de cabeza, hinchazón e inflamación.

Una forma tradicional de preparar una compresa es verter en un bol una tisana, infusión o decocción, preparada con las hierbas de su elección, y empapar un paño limpio en la solución. Puede calentar la solución a fuego lento o bien usarla fría del frigorífico. Asimismo, puede añadir cubitos de hielo al bol para enfriar aún más la compresa. Deje el paño en la solución durante 10 minutos, retuérzalo para eliminar el exceso de agua y aplíquelo sobre la zona afectada; déjelo allí unos 20 minutos.

Puede preparar una compresa rápida con bolsitas de té de hierbas. Ponga de 3 a 5 bolsitas en un bol con agua caliente y déjelas en remojo unos 20 minutos. Empape un paño en el agua durante 10 minutos. Pasado este tiempo, aplique el paño sobre la zona afectada y déjelo hasta 20 minutos antes de retirarlo. La solución se conservará 3 días en el frigorífico.

Agnes Sampson, la curandera escocesa del siglo XVI conocida como «la mujer sabia de Keith», utilizaba métodos tradicionales, como compresas, cataplasmas e infusiones, para curar a las gentes del lugar que acudían a su consulta por sus dones curativos y conocimientos. Por desgracia, las cosas terminaron mal para Agnes, porque fue acusada de brujería y ejecutada en enero de 1591.

2

HIERBAS
Y FLORES

A lo largo de los miles de años de existencia humana, las hierbas, las flores y los árboles han desempeñado un papel importante en nuestra vida cotidiana, ya sea porque los utilizamos como alimento, para construir los lugares donde vivimos o para preparar remedios. Ocuparon y siguen ocupando un lugar crucial en la práctica de la brujería.

Los dos capítulos siguientes se centran en el rico y variopinto folclore asociado con numerosas hierbas, flores y árboles comunes que se ha ido transmitiendo de generación en generación. Asimismo, se incluyen formas sencillas de emplearlos en sus trabajos mágicos (incluyendo hechizos y conjuros modernos y tradicionales) y, siguiendo la tradición de la gente astuta y las mujeres y hombres sabios del pasado, se mencionan también sus propiedades medicinales y el modo de utilizarlos en su propia práctica de sanación.

Hierbas

AGRIMONIA
Agrimonia eupatoria

FOLCLORE

Existen unas 15 especies de agrimonia repartidas en diferentes partes del mundo. Es una hierba con espigas de flores amarillas de cinco pétalos que crece hasta los 60 cm de altura y se encuentra en Europa, norte de África, suroeste asiático y Norteamérica. Cuando salga a recolectar agrimonia, búsquela en praderas y setos, y en los márgenes de campos y carreteras. Tanto las flores como las hojas se usan para fines medicinales y mágicos.

Según el folclore, el nombre latín de *Agrimonia eupatoria* hace referencia al rey de Pontos, Mitrídates VI Eupator (132-63 a. e. c.), conocido por sus remedios de hierbas, su sabiduría y sus conocimientos. La agrimonia recibe otros muchos nombres populares, como hierba de san Guillermo, palo del burro, cientoenrama, mermasangre y cardo pegajoso, por sus cerdas ganchudas que se agarran al pelo de los animales que entra en contacto con ella.

PROPIEDADES MÁGICAS

La agrimonia se asocia principalmente con el sueño. Un poema inglés del siglo XI dice: «Si se pone bajo la cabeza del hombre, este dormirá como si estuviera muerto: nunca despertará hasta que no se retire la hierba». Para aprovechar sus poderes somníferos, prepare una almohada de hierbas. Llene una bolsa con agrimonia seca y partes iguales de

lavanda, lúpulo, valeriana y manzanilla, y déjela bajo la amohada por la noche para conciliar el sueño. Puede tomarla también como un té (con o sin las otras hierbas) antes de acostarse, con el mismo fin. Las almohadas con agrimonia se utilizan también para fomentar los sueños adivinatorios. Rellene una almohada con cantidades iguales de agrimonia, artemisa, verbena

SIGNO ZODIACAL
Cáncer y Sagitario

ELEMENTO
Aire

PLANETA
Júpiter

AGRIMONIA
Agrimonia eupatoria

PROPIEDADES MÁGICAS

- Propicia los sueños adivinatorios
- Refuerza las capacidades psíquicas
- Ofrece protección
- Destierra la negatividad
- Rompe los maleficios
- Invierte los hechizos
- Limpia el aura

PROPIEDADES MEDICINALES

- Propicia el sueño reparador
- Alivia los ojos irritados
- Da luminosidad a la piel
- Cura las heridas
- Trata las mordeduras de serpientes
- Alivia la diarrea
- Suaviza la garganta dolorida
- Alivia el dolor de las articulaciones
- Depura el hígado

NOMBRES POPULARES Agrimonia, hierba de San Guillermo, palo del burro, cientoenrama, eupatorio, mermasangre, cardo pegajoso, agrimonia común, hierba bacera, hierba del podador, hierba de las heridas, té del norte.

y loto azul para que le ayude a conectar con sus capacidades psíquicas mientras duerme.

La agrimonia es conocida también por sus propiedades protectoras. Ponga agrimonia, sal marina y romero en un cubo de agua y friegue el suelo con ella para purificar su casa y protegerla de la mala voluntad o de cualquier energía negativa o nociva.

Esta hierba se puede usar como alimento u ofrenda para los espíritus familiares, y tiene una gran potencia para romper un maleficio o devolver cualquier tipo de energía negativa a quien se la envió. En un trozo de papel, escriba el nombre de la persona a quien quiere devolver el maleficio o la energía no deseada. Unte el nombre con aceite de agrimonia mientras visualiza cómo esa energía se aleja de usted y vuelve a su emisor. Doble el papel alejándolo de usted tres veces, para simbolizar la eliminación, y luego quémelo en un caldero (un símbolo folclórico de manifestación). Para preparar el aceite de agrimonia, añada 3 cucharaditas de agrimonia seca a 150 ml de aceite de semilla de uva, de oliva, de girasol o de almendra, y déjelo infusionar en un lugar fresco durante 2 semanas. Transcurrido este tiempo, cuele las hierbas y añada 3 cucharaditas más de agrimonia seca al aceite, dejándolo reposar otras 2 semanas. Escurra bien las hierbas y el aceite estará listo para usar.

PROPIEDADES MEDICINALES

Derivada de la palabra griega *argemone*, que significa «lo que cura el ojo», la agrimonia se usaba para tratar dolencias oculares. Para dar brillo a los ojos, los egipcios, griegos y anglosajones machacaban agrimonia, recogían la savia y la diluían en agua antes de aplicarse unas gotas en los ojos. Se usaba también en emplastos y compresas para curar heridas y mordeduras de serpientes, así como para detener las hemorragias gracias a su efecto coagulante.

La agrimonia posee excelentes propiedades antiinflamatorias y se usa para tratar numerosos temas gastrointestinales, como una diarrea suave; reduce la hinchazón abdominal y de los tejidos blandos del tracto gastrointestinal. La agrimonia se puede tomar como té para depurar el hígado; asimismo, sus propiedades depurativas alivian la cistitis. Una taza de té (*véase* pág. 12) de agrimonia con una cucharada de miel alivia la garganta irritada.

En el juicio por brujería de Lilias Adie, celebrado en Escocia en el siglo XVIII, se mencionó la agrimonia como cura para cualquiera que sufriera de una enfermedad inexplicable, o un «disparo de duende», que significaba que una persona o animal había sido alcanzado por la flecha de un duende.

ALBAHACA
Ocimum basilicum

FOLCLORE

Existen 15 tipos de albahaca, de los cuales la albahaca dulce es el más común. Esta hierba de hoja verde cuenta con un rico y variado folclore y expresa diversos significados culturales y simbólicos en diferentes partes del mundo. Los orígenes exactos de la albahaca no están claros. Aunque el primer registro histórico de la planta procede de la región china de Hunan y data del año 807 e. c., se cree que la albahaca es originaria de la India, donde se utilizaba en bodas y funerales hindúes y en ceremonias de culto al dios Visnú. La albahaca sagrada es una hierba venerada en el hinduismo y se consideraba una manifestación de la diosa Tulasi.

En el folclore italiano, la albahaca era un símbolo del amor. Las muchachas casaderas llevaban una ramita de albahaca en el cinto, y las casadas detrás de la oreja. Los hombres llevaban albahaca en el sombrero para indicar que estaban buscando esposa. En el folclore rumano, los hombres regalaban albahaca como propuesta de matrimonio, y si la mujer aceptaba el ramito de albahaca, significaba que el hombre la amaría eternamente. Pero en Grecia, la albahaca significaba algo muy diferente: la aflicción. También se quemaba para alejar a las brujas. La albahaca no siempre representaba amor en otras culturas. En Francia, a veces se la llamaba «hierba real» porque se creía que creció en la cruz en la que Jesucristo fue crucificado. En otras partes de Europa se la asociaba con el diablo y la muerte. Se creía que la hierba pertenecía a Satanás, y que para que creciera y prosperara, primero había que maldecir la tierra donde se plantaba. En Egipto, la albahaca se asociaba con la muerte y se ha hallado en tumbas; probablemente se empleaba como parte del ritual de embalsamamiento y conservación de los cadáveres.

SIGNO ZODIACAL
Escorpio

ELEMENTO
Fuego

PLANETA
Marte

ALBAHACA
Ocimum basilicum

PROPIEDADES MÁGICAS

- Fomenta la prosperidad, la abundancia y la riquezas
- Atrae paz, valor, amor y protección
- Facilita el viaje astral y los viajes seguros

PROPIEDADES MEDICINALES

- Regula el azúcar en sangre
- Alivia el malestar estomacal
- Cura las picaduras y los cortes infectados
- Refuerza el sistema inmunitario
- Depura el hígado
- Alivia la cistitis
- Reduce el colesterol
- Alivia la ansiedad
- Calma la tos
- Trata la bronquitis

NOMBRES POPULARES Hierba real, tulsi, albahaca dulce, basílico, alfábega.

PROPIEDADES MÁGICAS

En términos mágicos, la albahaca se asocia con la prosperidad, la abundancia, la riqueza, el éxito, la paz, el valor, la protección y el amor. Ponga un poco de albahaca seca en una bolsita y añada canela, lavanda y rosa y obtendrá un amuleto de amor que le hará triunfar en el ámbito romántico. La albahaca se utiliza también en la preparación de inciensos para atraer el amor. Asimismo, puede propiciar el éxito económico si se guarda una hoja en la cartera para atraer el dinero. También atrae la buena suerte y la prosperidad de un negocio si se coloca una maceta de albahaca en el lugar donde se lleva a cabo la actividad, como una tienda, o se pone una bolsita de albahaca seca junto a la caja registradora. La albahaca posee buenas cualidades protectoras y se solía esparcir por la casa para proteger a sus habitantes.

La albahaca se asocia también con el viaje astral. Según el saber popular, si una bruja bebe aceite o té de albahaca, podrá «cabalgar por los setos», una forma de viaje sobrenatural en que el seto es el límite simbólico entre dos mundos. Para preparar aceite de albahaca, ponga 5 cucharaditas de albahaca seca en 100 ml de aceite de girasol, oliva o almendra, y déjelo reposar 4 semanas. Escurra las hierbas del aceite antes de consumirlo. Añada 1 cucharadita de este aceite a un té de albahaca (*véase* pág. 12) para que cobre más potencia. Puesto que la albahaca facilita el viaje astral en el mundo metafísico, puede ayudar a tener un viaje seguro en el mundo físico. En Inglaterra, a principios del siglo XVI, se regalaba una planta de albahaca a los invitados para que regresaran sanos y salvos a su casa. Actualmente, esta tradición consiste en llevar encima una bolsita con una rama de albahaca cuando salga de viaje, o poner albahaca en el coche para llegar sano y salvo a su destino.

PROPIEDADES MEDICINALES

La albahaca posee numerosos usos medicinales. Es buena para aliviar un estómago revuelto, una garganta irritada, unas náuseas o una indigestión. Ayuda a curar picaduras y cortes infectados usada como cataplasma (*véase* pág. 28) por sus propiedades antibacterianas y antimicrobianas. El consumo regular de albahaca en las comidas aporta numerosos beneficios para la salud. Ayuda a regular el nivel de azúcar en sangre controlando los picos de glucosa tras una comida. La albahaca contiene antioxidantes que fortalecen el sistema inmunitario (en especial contra infecciones víricas) y reduce el impacto de cualquier toxina ingerida que pudiera dañar el hígado. Consumir albahaca, ya sea en las comidas, como té, en forma de aceite o ingiriendo sus hojas, ayuda a controlar el colesterol y los niveles de cortisol en el cuerpo, reduciendo así la ansiedad. La albahaca sagrada se toma como té para aliviar la tos y la bronquitis. Ponga hasta 10 hojas de albahaca fresca en una taza de agua caliente y déjela reposar de 5 a 7 minutos antes de beber el té.

LAUREL
Laurus nobilis

FOLCLORE

El laurel es un arbusto perenne originario del Mediterráneo cuyas hojas son muy usadas en la cocina. Estas tienen un aspecto brillante y son puntiagudas, y su parte superior es más oscura que la inferior. En primavera da flores de un amarillo verdoso y, tras 3 o 4 años de cultivo, ofrece bayas.

Su historia popular se origina en la antigua Roma y Grecia. Se cree que Apolo, el dios griego del Sol, se enamoró profundamente de Dafne, una náyade (espíritu femenino que reside en fuentes, pozos y otros cuerpos de agua) que no le correspondía. Su padre, el dios fluvial Peneo, convirtió a Dafne en laurel para protegerla de las insinuaciones no deseadas de Apolo. Cuando este vio el laurel, le pareció tan hermoso que utilizó sus ramas para confeccionar unas guirnaldas en honor de quienes alcanzaban los más altos logros, como héroes, poetas, soldados que regresaban de la batalla y médicos recién graduados, como símbolo de su éxito. Esta guirnalda se conocía con el nombre de *bacca laures*, que con el tiempo dio paso a la palabra «bachillerato» que conocemos hoy día. Los antiguos griegos plantaban laurel al lado de la puerta de entrada de las casas para que les protegiera contra brujas, hechiceros y demonios.

En la historia romana, se creía que allí donde se plantaba un laurel, las personas estarían a salvo contra los rayos, motivo por el cual el emperador Tiberio llevaba una corona de hojas de laurel cuando llovía para evitar el impacto de un rayo. Los dioses romanos también llevaban guirnaldas de laurel como símbolo de honor, gloria y estatus elevado.

PROPIEDADES MÁGICAS

En magia, las hojas de laurel se asocian con la protección, el éxito, el valor, las capacidades psíquicas, los deseos, el dinero y la sanación. Cuando se queman las hojas como incienso, el humo purifica el espacio de energías negativas y no deseadas. Las hojas se utilizan también para pedir deseos: simplemente escriba su deseo en una hoja de laurel y quémela en un caldero. En el saber popular, el caldero simboliza la matriz y es un instrumento de transformación a

SIGNO ZODIACAL
Leo y Aries

ELEMENTO
Fuego

PLANETA
El Sol

LAUREL
Laurus nobilis

PROPIEDADES MÁGICAS

- Trae protección y éxito
- Aumenta las capacidades psíquicas
- Fomenta el valor, el dinero, la sanación, la fuerza y la purificación

PROPIEDADES MEDICINALES

- Trata la bronquitis
- Alivia la tos
- Combate la inflamación
- Alivia los dolores corporales
- Contribuye a mitigar el reumatismo
- Calma las mordeduras y picaduras de insectos
- Alivia los resfriados y la gripe

NOMBRES POPULARES Árbol de Apolo, aurel, lauredo, laurel del Mediterráneo, laurel noble, laurel de cocina

través del cual nace nuestra voluntad. Cuando queme la hoja en su caldero, visualice que su deseo se hace realidad; cuando la hoja se convierta en humo, el deseo se manifestará.

Las hojas de laurel también se usan para atraer dinero. Simplemente ponga una hoja en su cartera para que el dinero fluya hacia usted. Si desea atraer más abundancia y prosperidad, dibuje sigilos y signos para el dinero en la hoja para contribuir a su manifestación. La hoja de laurel se asocia con los sentidos psíquicos y fomenta el desarrollo de sus capacidades psíquicas. Ponga 3 hojas de laurel en un saquito y añada 1 cucharadita de artemisa, 1 de canela y 1 de raíz de malvavisco; coloque la bolsita debajo de la almohada para que mientras duerme se desarrollen sus habilidades psíquicas. Para atraer sueños proféticos, ponga 1 hoja de laurel en su almohada por la noche. El laurel ayuda a los sanadores. Cuando realice un hechizo o un ritual, póngase un collar de hojas de laurel o unas hojas en el bolsillo para amplificar sus poderes mágicos y curativos.

PROPIEDADES MEDICINALES

En el saber popular, el laurel cuenta con una larga historia como tratamiento de una amplia variedad de dolencias. Ayuda cuando se sufre de bronquitis, tos y gripe. Tome 4 gotas de aceite de laurel, ya sea vertiéndolas en el té o en una infusión (*véanse* págs. 12, 14, 18). El aceite contiene cineol, que posee propiedades antibacterianas y expectorantes que ayudan con este tipo de dolencias respiratorias. Existe un remedio popular que consiste en preparar una pasta a base de hojas de laurel y miel, y aplicarla sobre el pecho para aliviar los resfriados y la tos. El cineol de la hoja de laurel combate la inflamación inhibiendo la producción de óxido nítrico en el cuerpo, que en concentración elevada puede causar inflamación. El laurel se toma también como infusión, té y aceite.

En medicina tradicional, las hojas de laurel ayudan a aliviar los dolores corporales. El mejor método para ello es preparar un baño caliente y echar un puñado de hojas de laurel en el agua; a medida que se ablandan, van soltando aceites que alivian el dolor de brazos y piernas. Las hojas de laurel ayudan asimismo con el reumatismo: prepare una pomada (*véase* pág. 22) y aplíquela en la zona afectada. Las hojas reblandecidas alivian las mordeduras de insectos y las picaduras de abeja si aplica un emplasto de laurel sobre la zona afectada (*véase* pág. 18).

CALÉNDULA
Calendula officinalis

FOLCLORE

La caléndula, de la familia de las margaritas, es una planta herbácea de flores planas amarillentas y anaranjadas que se utilizaba en la antigua Grecia, Egipto y los imperios árabes. A veces conocida como maravilla, la caléndula, según el folclore, es una de las plantas más antiguas de la medicina popular. Por lo general, se cultiva como planta ornamental y medicinal y no se suele encontrar en ningún hábitat silvestre o natural. Las flores son comestibles y los antiguos griegos y romanos las usaban en la cocina como aderezo.

El folclore de la caléndula procede de la antigua Grecia. Hay numerosas leyendas sobre esta planta, y todas tienen que ver con Apolo, el dios del Sol. En una de ellas se dice que Apolo se había enamorado de una joven muchacha, y que la intensidad de su afecto, en forma de rayos solares, era tal que la mujer murió. Más tarde, en el lugar donde falleció empezaron a brotar flores de caléndula. Otra leyenda cuenta que cuatro ninfas se enamoraron de Apolo, pero por desgracia sus celos fueron su perdición. Lucharon entre ellas por el afecto de Apolo, hasta el punto en que la hermana del dios, Artemisa, las transformó en flores de caléndula para poner fin a la disputa.

PROPIEDADES MÁGICAS

En términos mágicos, la caléndula se asocia con la sanación, la felicidad, la protección, el amor, los asuntos legales, los sueños proféticos y las capacidades psíquicas. Se la relaciona también con la magia solar, motivo por el cual se recomienda recoger las flores cuando están bien abiertas, es decir, a primera hora de la tarde de un día soleado, cuando el sol brilla con mayor intensidad, ya que esto contribuye a reforzar las propiedades mágicas (y medicinales) de esta planta herbácea.

Se cree que las flores son muy protectoras contra las energías y las intenciones negativas, la enfermedad y la mala suerte. Según el saber popular, preparar unas guirnaldas de caléndula y colgarlas de la manecilla de la puerta de entrada de la casa sirve para proteger a quienes viven en ella. Otro antiguo uso mágico de la caléndula es poner unas flores debajo de la cama para protegerse de los ladrones durante la noche. Si tiene la mala suerte de que le roban mientras duerme, las flores revelarán la verdad y le ayudarán a identificar al culpable en sueños. Dormir con caléndula bajo la almohada favorece todo tipo de sueños proféticos y afortunados.

El alegre y brillante aspecto de la flor de la caléndula significa que mágicamente se la asocia con la felicidad. Colocadas bajo la cama garantizan un matrimonio feliz, por lo que era común incluir estas flores en los tocados de las novias. Esta flor se utilizaba en las bodas en la India, pero también en las ceremonias funerarias. Gracias a ello, la caléndula se puede usar en rituales para recordar a los seres queridos que han fallecido. Asimismo, se cree que ayuda a conseguir la victoria en cualquier tipo de asunto legal. Lleve las flores en el bolsillo en cualquier situación relacionada con las leyes, como en un tribunal, cuando necesite un resultado positivo.

PROPIEDADES MEDICINALES

Los antiguos egipcios utilizaban la caléndula para tratar problemas cutáneos, y se sigue usando hoy día para aliviar la irritación de la piel en casos de quemadura solar, cortes y arañazos, y para hidratar los labios y la piel seca. La mejor manera de hacerlo es con el aceite de caléndula. Para prepararlo, ponga aceite de oliva, de semilla de uva o de aguacate en un frasco y añada pétalos secos de la flor. Déjelo reposar de 4 a 6 semanas, agitando diariamente el recipiente. Al cabo de este tiempo, cuele los pétalos con una estopilla o colador y vierta el aceite en otro frasco. El aceite ahora está listo para ser aplicado sobre cualquier tipo de irritación cutánea. También lo puede tomar oralmente si necesita mejorar la salud del intestino: vierta 3 gotas en una taza de agua caliente e ingiera. Asimismo, se puede tomar como tónico para mejorar su estado de ánimo.

El gran herborista inglés Nicholas Culpeper escribió en el siglo XVII que las flores de caléndula destiladas servían para aliviar los «ojos rojos y llorosos». Para disponer de un vaporizador de caléndula que le ayude a aliviar los ojos irritados, lleve agua a ebullición en una cacerola, viértala sobre un puñado de flores de la planta y déjelo reposar 15 minutos. A continuación, retire las flores y deje que el agua se enfríe por completo. Luego, pásela a un aerosol y échese un poco en los ojos irritados para aliviarlos y reducir la rojez.

SIGNO ZODIACAL
Leo

ELEMENTO
Fuego

PLANETA
El Sol

CALÉNDULA
Calendula officinalis

PROPIEDADES MÁGICAS

- Fomenta la felicidad, el amor, la protección y la sanación
- Protege contra el robo
- Protege en asuntos legales
- Refuerza los sueños proféticos y las capacidades psíquicas

PROPIEDADES MEDICINALES

- Trata la dermatitis
- Alivia las quemaduras solares
- Hidrata la piel seca
- Trata cortes y arañazos
- Levanta el ánimo
- Alivia los ojos irritados y enrojecidos
- Trata infecciones leves
- Reduce la inflamación cutánea

NOMBRES POPULARES Maravilla, botón de oro, margarita naranja, flor del muerto

SIGNO ZODIACAL
Leo

ELEMENTO
Agua

PLANETA
El Sol

MANZANILLA
Chamaemelum nobile y *Matricaria recutita*

PROPIEDADES MÁGICAS

- Atrae la prosperidad, la paz, las bendiciones, la belleza y el dinero
- Purifica y protege
- Favorece el trabajo con los sueños
- Para honrar al sol

PROPIEDADES MEDICINALES

- Calma y reduce la ansiedad
- Mejora el sueño
- Trata la infección
- Trata la gripe
- Alivia los dolores menstruales
- Trata la neuralgia
- Alivia el dolor de oído
- Alivia el dolor de articulaciones y músculos

NOMBRES POPULARES Manzanilla romana, camomila, cotula odorifera, manzanilla amarga, manzanilla dulce, manzanilla de campo

MANZANILLA
Chamaemelum nobile
y *Matricaria recutita*

FOLCLORE

Existen dos variedades de manzanilla: la romana (*Chamaemelum nobile*) y la alemana (*Matricaria recutita*). Ambas son autóctonas del sur y el este de Europa y de Asia occidental, pero se han introducido en otras partes del mundo. La manzanilla se suele encontrar en campos y praderas, en los márgenes de los caminos y en otras zonas poco transitadas. Tiene tallos desordenados, hojas plumosas y una masa de flores similares a las margaritas que desprenden un aroma afrutado. En la antigua Grecia se conocía como *chamomaela*, que significa «manzana de tierra».

Los antiguos romanos, egipcios y griegos la utilizaban en sus rituales y celebraciones. Los egipcios empleaban flores machacadas de manzanilla para dar luminosidad a la piel y tratar afecciones cutáneas. Asimismo, se usaba como aceite de embalsamar y se quemaba en honor a los ancestros y al dios solar Ra. Los antiguos romanos y griegos usaban manzanilla como infusión para bajar la fiebre. También es una hierba venerada desde hace siglos en las tradiciones folclóricas mexicanas e indígenas americanas. La manzanilla se popularizó durante la Edad Media y numerosas costumbres populares indican que las flores y las hojas de esta planta se usaban por sus cualidades protectoras. También era popular en los países escandinavos, donde los vikingos se enjuagaban el cabello con agua infusionada de manzanilla para darle un atractivo brillo.

PROPIEDADES MÁGICAS

La manzanilla posee una amplia variedad de propiedades mágicas relacionadas con la prosperidad, la protección, la paz, las bendiciones, el trabajo con los sueños, la atracción de dinero, la belleza, la veneración del sol y la purificación. En el folclore medieval, la manzanilla se plantaba cerca de las puertas de entrada de las casas porque actúa como espíritu protector y sirve para proteger su hogar contra la mala voluntad y las malas intenciones. Ponga unas gotas de aceite esencial de manzanilla en el agua para limpiar ventanas y puertas, y mantendrá alejadas las energías negativas de su hogar. Otra opción es quemar flores de manzanilla dentro de casa para ahuyentar a los malos espíritus.

Si desea usar la manzanilla para realzar la belleza, la juventud y el atractivo, tal como hacían los antiguos egipcios, prepare una esencia floral poniendo manzanilla y lavanda frescas en un bol con agua. Déjelo reposar a la luz del sol un mínimo de 3 horas; procure que sea al mediodía, cuando la intensidad de los rayos solares es mayor. Luego, escurra las hierbas, ponga el agua en un aerosol y rocíese la cara cada mañana y cada noche. Guárdelo en el frigorífico; se conserva una semana.

En la magia popular, la manzanilla daba suerte a los jugadores. Para tener una racha de fortuna mágica, lávese las manos en una infusión de manzanilla antes de participar en algún juego de azar. La manzanilla se usa desde hace siglos para atraer las bendiciones, la prosperidad y el dinero. Cuelgue manzanilla seca en casa para atraer estos beneficios hacia usted. Lleve flores de manzanilla en el bolsillo o tome un baño de prosperidad poniendo en el agua manzanilla, menta, albahaca y bergamota (fresca, seca o en aceite esencial). También puede preparar un aceite de manzanilla (*véase* pág. 18) y untarse el cuerpo o usarlo en hechizos y rituales con este fin.

La manzanilla se asocia al trabajo con los sueños. Se puede combinar con la artemisa, el quinquefolio y la milenrama para tomarla como un té antes de acostarse o utilizarla en una almohada de sueños. Asimismo, puede emplear estas hierbas en su baño. Ponga 3 cucharaditas de cada hierba en una bolsita de muselina y sumerja esta en el agua caliente. Disfrute de su baño como mínimo 20 minutos justo antes de acostarse.

PROPIEDADES MEDICINALES

La manzanilla tomada como un té es un gran remedio para aliviar el estrés. Prepárelo (*véase* pág. 12) con 2 cucharaditas de manzanilla, 2 de lavanda y 2 de valeriana secas para obtener una sensación de bienestar y mejorar la calidad del sueño.

La manzanilla es una de las «nueve hierbas sagradas» del *Lacnunga*, uno de los antiguos manuscritos ingleses sobre hierbas que contiene textos médicos anglosajones. Estas hierbas se usan en el antiguo preparado popular «Conjuro de las nueve hierbas»; se creía que era bueno para cualquier infección y era un remedio contra el veneno. Encontrará las instrucciones para prepararlo en la página 106. Para tratar las infecciones, mezcle las nueve hierbas (artemisa, llantén, berro de agua, ortiga, betónica, manzanilla, manzana silvestre, perifollo e hinojo) con cenizas de madera o carbón y agua, y forme una pasta que deberá aplicar a la zona afectada. Para su uso como antídoto, prepare una bebida con las nueve hierbas y zumo de manzana.

La manzanilla se utiliza también en forma de pomada (*véase* pág. 22) para el tratamiento de dolores como la neuralgia o el dolor de oídos. Para aliviar los dolores corporales, los músculos doloridos y las articulaciones, prepare un linimento de manzanilla (*véase* pág. 25) que podrá aplicar a cualquier zona afectada.

CILANTRO
Coriandrum sativum

FOLCLORE

Miembro de la familia del perejil, el cilantro tiene un sabor y un aroma intensos. Conocido como una de las hierbas más antiguas, es autóctono del Mediterráneo y Oriente Medio, pero se ha extendido a prácticamente todo el mundo. Se cree que los antiguos romanos llevaron el cilantro hasta Gran Bretaña, donde lo mezclaban con vinagre para conservar la carne.

El cilantro se conoce también con el nombre de coriandro. Se han encontrado semillas de esta planta en ruinas egipcias que datan del año 5000 a. e. c. En el antiguo folclore egipcio, las semillas de cilantro se utilizaban como ofrenda a los faraones muertos, por su asociación con la inmortalidad. Se descubrieron algunas de ellas al excavar la tumba de Tutankamón.

En el folclore chino, las semillas de cilantro se asociaban también con la inmortalidad y se creía que poseían el poder de otorgar la vida eterna a cualquiera que las ingiriera. Existe incluso evidencia arqueológica de unas semillas de cilantro que se encontraron en una cueva, en Israel, y que databan del año 6000 a. e. c. Los israelitas utilizaban las semillas en la mesa de Pascua, tal como se menciona en el libro del Éxodo de la Biblia, donde se comparan las semillas con el maná, el alimento espiritual que Dios envió para alimentar a su pueblo.

En la época medieval y el Renacimiento, el cilantro se usaba como afrodisíaco y se añadía a pociones de amor, ya que se creía que aumentaba la pasión, en especial si se tomaba con vino.

PROPIEDADES MÁGICAS

El cilantro posee un montón de propiedades mágicas. En el folclore, se suele asociar con el amor y la pasión. Se añaden semillas molidas al vino y se toman para suscitar deseo sexual. Este vino lo pueden compartir dos personas que deseen mantener relaciones sexuales con amor y sintonizar sus almas; es un ritual poderoso si se celebra en luna llena. Las semillas se pueden poner en bolsitas de amor junto con trozos de jengibre, pétalos de rosa roja y una rama de canela para fomentar los sentimientos de amor y pasión. Las hojas de cilantro secas se queman como incienso junto con pétalos de rosa roja, para el mismo fin y para fomentar el deseo sexual.

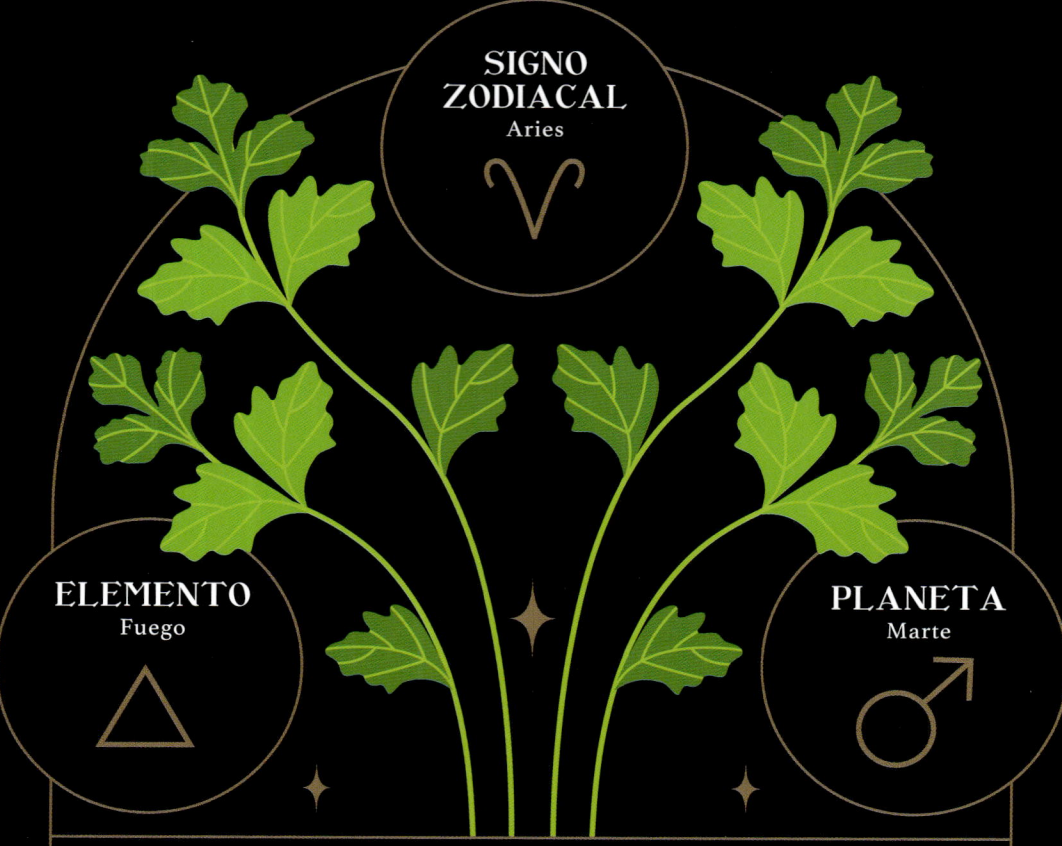

CILANTRO
Coriandrum sativum

PROPIEDADES MÁGICAS

- Atrae el amor, el deseo sexual, la pasión, la protección y la reconciliación
- Propicia la curación
- Pone fin a las luchas y las discusiones

PROPIEDADES MEDICINALES

- Alivia el dolor
- Ayuda a la digestión
- Alivia los trastornos digestivos
- Desintoxica

NOMBRES POPULARES Culantro, coriandro, culantro europeo, anisillo, perejil chino, perejil japonés

Los hechizos de amor y sexo se han realizado desde épocas remotas como una de las formas más antiguas de la magia. El escritor, naturalista y médico romano de origen galo Marcelo Empírico (o de Burdeos), que practicaba la magia popular en el siglo IV, sugirió que para incrementar la pasión y el amor, debería llevarse el testículo derecho de un gallo (que se consideraba un afrodisíaco) dentro de una bolsita colgada al cuello.

El cilantro se utiliza en hechizos y rituales como protector del hogar y se puede cultivar en el jardín para proteger la casa y sus habitantes. También se puede recoger durante el tiempo de la cosecha y colgarlo en la casa con el mismo fin.

El cilantro es conocido por sus poderes de reconciliación y puede unir a personas a quienes les cuesta llevarse bien. Las semillas se trituran y el polvo se añade a cualquier bebida compartida por las partes en disputa; su ingestión debe ayudar a resolver cualquier tema pendiente. Asimismo, se pueden meter las semillas en una bolsita, junto con un trocito de cuarzo rosa, lavanda y arrayán, y dejar el saquito en el lugar donde podrían darse los encuentros para la reconciliación. O bien llévelo encima cuando sea probable que se encuentre en compañía de personas con las que no se lleva bien, para crear un entorno de paz y tranquilidad.

PROPIEDADES MEDICINALES

El cilantro se utiliza por sus cualidades antibacterianas, antifúngicas y antisépticas. Prepare un emplasto con las hojas y aplíquelo sobre las heridas para evitar que estas se infecten (*véase* pág. 28). Asimismo, puede preparar una pomada con una taza de hojas de cilantro. Póngalas en un aceite portador, como girasol o jojoba, y déjelo reposar 5 semanas, agitando diariamente el frasco. Cuele las hierbas y ponga el aceite en una cacerola a fuego lento. Añada 30 g de cera de abejas y remueva hasta que esté todo bien mezclado. Pase la mezcla a un recipiente adecuado y una vez se haya enfriado y endurecido, frote con ella las mordeduras y los cortes para evitar su infección.

El cilantro es conocido por sus propiedades antiinflamatorias. Para aliviar las articulaciones y músculos doloridos, ponga 1 cucharadita de semillas molidas en 300 ml de aceite y espere 4 semanas. Cuele las semillas. Una vez listo, frote las articulaciones con el aceite para reducir la inflamación y aliviar los músculos doloridos.

Conocido por sus cualidades desintoxicantes y como digestivo, el cilantro puede tomarse como un té para aliviar dolencias y trastornos digestivos. Añada 1 cucharadita de semillas molidas a una taza de agua caliente y déjelo en infusión 10 minutos antes de beberla. Tome este té de hierba de 2 a 4 veces al día para desintoxicar y mejorar la digestión.

TRÉBOL
Trifolium repens

FOLCLORE

Existen aproximadamente 300 especies de trébol en todo el mundo. La mayoría tienen tres hojas, pero también los hay con cuatro, cinco o más hojas. Muchos de ellos tienen flores esféricas, en una gama de colores como el blanco, rosa, rojo y violeta. El trébol es autóctono de Europa y Asia central, pero se ha introducido en otros países del hemisferio norte. Si sale en busca de tréboles, probablemente los encontrará en lugares como jardines, parques, descampados y campos.

En el folclore, el trébol de tres hojas se asocia con la creencia cristiana de la Santísima Trinidad: Padre, Hijo y Espíritu Santo. En el sur de Irlanda, de mayoría católica, el trébol es el símbolo nacional. Se cree que san Patricio, patrón de Irlanda, utilizaba una hoja de trébol para explicar la doctrina de la Santísima Trinidad, que dice que Dios se puede manifestar a la humanidad como Dios Padre, Dios Hijo (Jesucristo) y Espíritu Santo, igual que las tres hojas del trébol.

Existen numerosas leyendas asociadas con el humilde trébol, que varían ligeramente según la parte de mundo donde se originan. En el folclore celta, un verso asocia cada hoja con un aspecto diferente de la vida:

«Una hoja para la fama,
y otra para la riqueza.
Una para un amante fiel,
y otra para darte una salud excelente.
Todo ello en un trébol de cuatro hojas».

PROPIEDADES MÁGICAS

En terminos mágicos, el trébol de tres hojas se asocia con la protección y puede llevarse como amuleto protector. En cuanto al número de hojas del trébol, la variedad de tres hojas se utiliza en cualquier tipo de hechizo o ritual de protección —por ejemplo añadido a una bolsita protectora— o se machaca y se recubre con él una vela negra, para un ritual fácil y rápido de protección. Los tréboles de dos hojas son mucho menos comunes, pero se dice que encontrar uno significa que pronto conocerá a un nuevo enamorado. Los de cinco hojas, mucho más difíciles de hallar, sirven para atraer la riqueza y el dinero, y la mejor manera de aprovechar sus propiedades

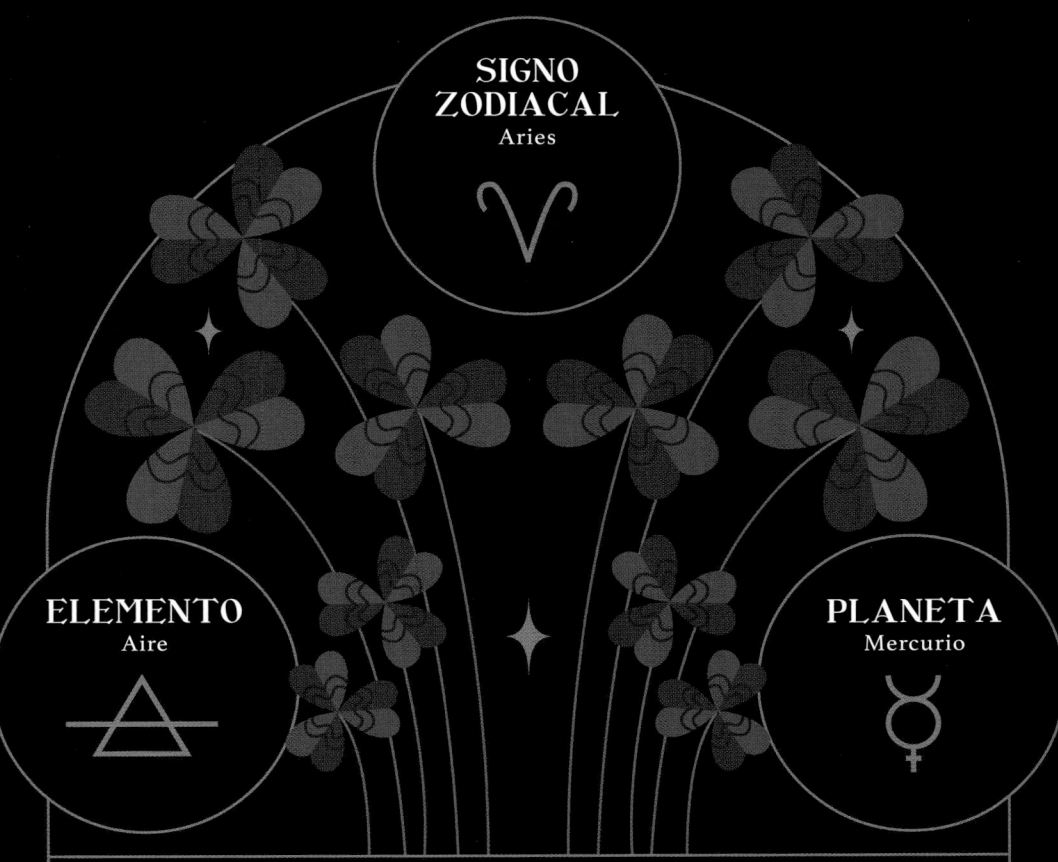

SIGNO ZODIACAL
Aries

ELEMENTO
Aire

PLANETA
Mercurio

TRÉBOL
Trifolium repens

PROPIEDADES MÁGICAS

- Atrae la buena suerte, la protección, el amor, el dinero y el éxito

PROPIEDADES MEDICINALES

- Exfolia la piel
- Trata el eczema y el acné
- Controla los síntomas de la menopausia
- Alivia la garganta irritada
- Ayuda a combatir el resfriado
- Trata la tos y las dolencias respiratorias

NOMBRES POPULARES
Carretón, chupamieles, chupón, teble, trebillo, trebolillo, trébol de prados, trébol manchado, trébol silvestre

mágicas de atracción, es llevarlo encima de una forma u otra.

Los tréboles más valorados son los de cuatro hojas, porque traen buena suerte. Según el folclore, se asocian con la cruz de la crucifixión de Jesucristo y cualquiera que se encuentre uno tendrá buena suerte. También se usa en hechizos y rituales para la buena suerte. El folclore del siglo XVII nos cuenta que se pueden esparcir tréboles en el camino de una novia para que tenga buena suerte con su matrimonio; si una mujer soltera se pone un trébol de cuatro hojas en el zapato, pronto se casará.

El trébol de cuatro hojas también se puede llevar en la solapa como protección contra el reclutamiento militar. Para este fin, prepare un aceite con tréboles de cuatro hojas y aplíqueselo en los puntos del pulso, o bien tome un té de trébol de cuatro hojas. Deje unos cuantos tréboles en remojo en agua caliente (pero no hirviendo) 5 minutos, o prepare un té dejando los tréboles en agua caliente de 15 a 20 minutos.

PROPIEDADES MEDICINALES

El trébol rojo posee numerosas propiedades medicinales. Contiene ácido salicílico, que sirve para exfoliar la piel y mejorar su salud y aspecto. También puede usarse para tratar el acné y el eczema. Para preparar un tratamiento, ponga trébol rojo y caléndula en agua caliente (pero no hirviendo) y espere 20 minutos. Al cabo de este tiempo, retire la materia vegetal, déjelo enfriar y lávese la cara con el agua para aliviar y tratar los problemas cutáneos.

El trébol rojo contiene isoflavonas que actúan como la hormona del estrógeno, controlando los síntomas de la menopausia como sofocos, depresión y ansiedad. Una de las mejores formas de emplear el trébol rojo para este fin es tomándolo diariamente como un té. Deje en remojo unos cuantos tréboles rojos en agua caliente (pero no hirviendo) un mínimo de 5 minutos antes de beberlo.

Por sus propiedades antimicrobianas, el trébol rojo se usa tradicionalmente para combatir los resfriados, la garganta irritada, la tos, la bronquitis y otras dolencias respiratorias. Puede preparar una tintura (*véase* pág. 20) para uso interno. Una vez lista, tome de 10 a 20 gotas tres veces al día, directamente bajo la lengua o en alguna bebida.

DESCARGO DE RESPONSABILIDAD:
Consulte con su médico antes de consumir trébol rojo si toma anticonceptivos o ha tenido cáncer de mama.

CONSUELDA
Symphytum officinale

FOLCLORE

La consuelda se cultiva desde hace más de 2000 años por sus numerosos usos culinarios, medicinales y mágicos. Sus flores son pequeñas y de forma acampanada, por lo general de color blanco o rosa, y la planta puede alcanzar 1 m de altura. Crece en zonas como Norteamérica, Europa, Australia y Asia occidental.

Los antiguos griegos ya usaban la consuelda hacia el año 400 a. e. c.; los médicos griegos Herodoto y Pedanio Dioscórides la cultivaban para preparar sus remedios. El nombre de la consuelda proviene del término latín *symphytum*, que significa «crecer junto con», o de la palabra griega *sympho*, «unir», por lo que es fácil ver por qué los antiguos griegos creían que poseía la capacidad de curar fracturas. La consuelda se utilizaba en muchas otras culturas por sus propiedades curativas, entre ellas los países eslavos, en la medicina tradicional china y en las tradiciones indígenas americanas. En la tradición celta, la consuelda se consideraba una hierba sagrada dedicada a la diosa Brigid y se solía emplear en rituales de sanación.

En la Inglaterra medieval, los monjes utilizaban consuelda para detener las hemorragias y tratar las hernias. En numerosos textos monásticos se habla de esta planta porque los monjes cultivaban su propia consuelda en el jardín o en el huerto de sus monasterios para tratar, sobre todo, las heridas de los soldados que regresaban de la batalla.

PROPIEDADES MÁGICAS

La consuelda se utiliza como protección, sobre todo contra el robo. Ponga un trocito cerca de la puerta de entrada de su casa, o prepare una bolsita con consuelda, espinas de rosa y clavos de hierro para protegerse de los ladrones. Esta planta también protege a los viajeros. Lleve consuelda seca en el bolsillo cuando viaje para garantizar su seguridad, o ponga un poco en la maleta para evitar perderla o que se la roben. Se emplea asimismo en hechizos para manifestar objetivos a largo plazo. Unte una vela con un poquito de aceite, pásela por hojas de consuelda molidas y enciéndala para que le ayude a concentrarse en sus intenciones de manifestar sus objetivos.

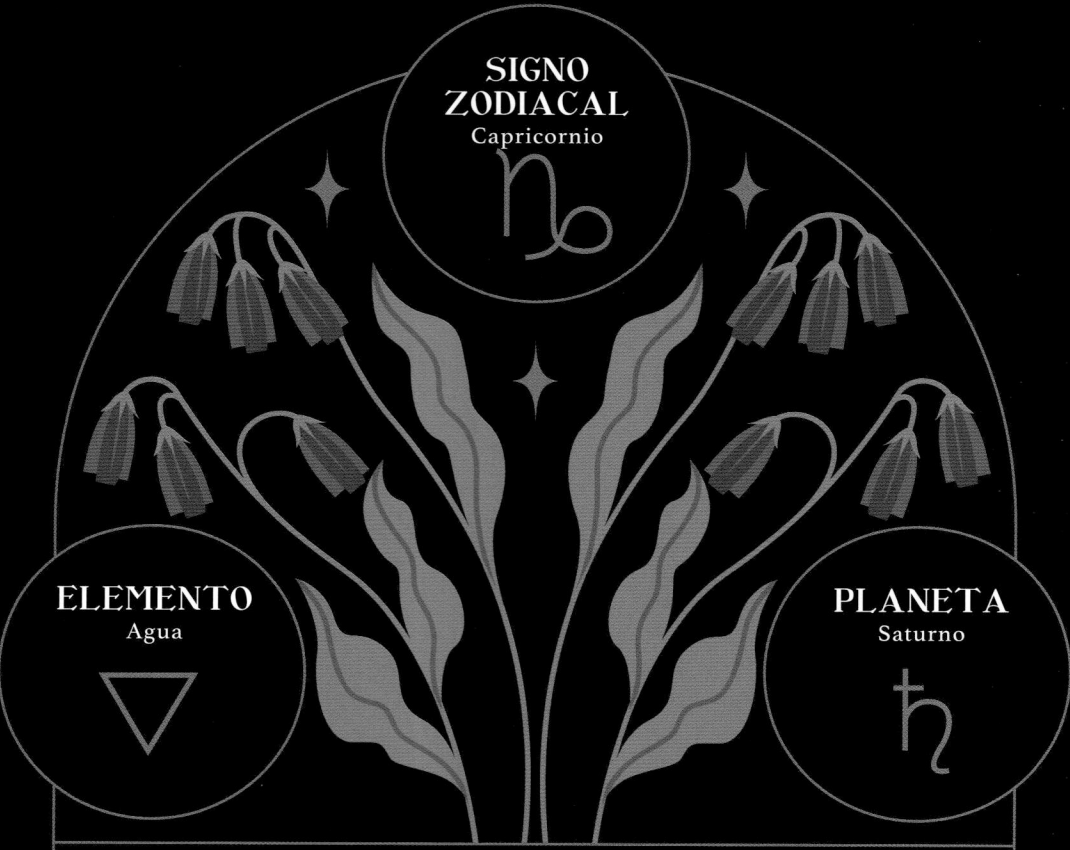

SIGNO ZODIACAL
Capricornio

ELEMENTO
Agua

PLANETA
Saturno

CONSUELDA
Symphytum officinale

PROPIEDADES MÁGICAS
- Protege contra los ladrones
- Manifiesta objetivos a largo plazo
- Trae suerte, buena fortuna, éxito y dinero
- Favorece el viaje seguro y la concentración mientras conduce

PROPIEDADES MEDICINALES
- Detiene las hemorragias
- Trata los moratones
- Cura los abscesos
- Cura las fracturas óseas

NOMBRES POPULARES
Consuelda mayor, hierba de los cerdos, lengua de buey, consólida, oreja de asno

La consuelda también sirve para atraer la abundancia y la buena suerte de los jugadores. Envuelva el dinero que quiera apostar en hojas de la planta para llamar a la fortuna y al éxito. Asimismo, la consuelda ayuda a concentrarse al practicar la adivinación. La adivinación es la práctica de descubrir el conocimiento oculto o predecir el futuro mediante instrumentos como el tarot, las cartas oraculares o las runas. Un uso popular y sencillo de la consuelda para este fin es combinarla con artemisa. Ponga estas dos hierbas juntas en una bolsita y llévela encima cuando practique la adivinación; unte una vela con un poquito de aceite, pásela por las hierbas molidas y enciéndala durante la sesión de adivinación. Si lo desea, puede preparar un té con consuelda y artemisa y tomarlo antes y durante la sesión. Simplemente asegúrese de no tomarlo más de una vez al mes, y no de una forma regular (*véase* más abajo).

PROPIEDADES MEDICINALES

La consuelda se utiliza en emplastos para detener hemorragias y tratar cardenales y abscesos. Hierva las hojas y reduzca el líquido hasta obtener una sustancia pegajosa que deberá aplicar a cualquier herida para cerrarla y detener la hemorragia. Se toma también como tisana o tintura para que las heridas se curen más rápido (*véanse* págs. 17 y 20). La consuelda posee asimismo propiedades antiinflamatorias, por lo que es bueno aplicar un emplasto sobre articulaciones inflamadas o heridas, o para tratar el reumatismo y aliviar el dolor (*véase* pág. 28). Para preparar una pomada para las heridas, ponga 2 tazas de hojas de consuelda en un aceite portador —como girasol o jojoba— en un frasco hermético y espere 5 semanas; agite diariamente el frasco. Escurra las hojas y ponga el aceite al baño maría a fuego lento. Añada 30 g de cera de abeja, asegurándose de que se funda por completo. A continuación, páselo a un recipiente (puede reutilizar una vieja latita de bálsamo labial). Una vez enfriada y endurecida, la pomada se conservará hasta un año.

La consuelda ayuda también a curar fracturas óseas, lo cual permite que el hueso crezca más fuerte. En el siglo XVI, el herborista Nicholas Culpeper dijo de esta planta: «Se dice que es muy poderosa para consolidar y unir». Con la mirada puesta en este fin, Culpeper indicó que la consuelda se podía tomar como jarabe (*véase* pág. 27) para curar «heridas del interior» como huesos rotos y lesiones internas.

DESCARGO DE RESPONSABILIDAD:

Es importante destacar que si se consume consuelda semanalmente durante un periodo de seis meses, puede resultar tóxica para el hígado debido a la presencia de alcaloides en las hojas. Sin embargo, es perfectamente segura tomada como té, tintura, jarabe y decocciones de forma ocasional (solo una vez al mes), sin ningún tipo de efecto secundario.

HINOJO
Foeniculum vulgare

FOLCLORE

Miembro de la familia de las zanahorias, el hinojo tiene largos tallos de hasta 2 m de altura y forma un bulbo que crece en la superficie. En la punta del tallo se encuentran hojas ligeras y plumosas, y cuando el hinojo da semillas, produce flores amarillas. Autóctono del sur de Europa, está ahora naturalizado en el norte de Europa, norte de América y Australia, y se cultiva en todo el mundo.

En el saber popular se conocía como «la hierba de las serpientes» porque se creía que estas se frotaban contra el hinojo para mejorar su visión. Esto explicaría por qué Plinio, el naturalista romano del siglo I, recomendaba hinojo para la vista en su libro *Historia natural*. Por su nombre de «hierba de las serpientes», se creía que el hinojo era un remedio para las mordeduras de este reptil.

La mitología griega cuenta que Prometeo, hijo del titán Jápeto, robó una chispa del fuego de los dioses introduciéndola en un tallo hueco de hinojo, porque quería ofrecer a la humanidad el don del fuego, en contra de los deseos de Zeus. Cuando este lo descubrió, castigó a Prometeo creando a Pandora, a quien entregó una caja que no debía abrir nunca. Pero Pandora la abrió y de ella escaparon todos los males del mundo, las aflicciones y las enfermedades que azotan a la humanidad. Como planta consagrada a los dioses del fuego, el hinojo se utilizaba para canalizar la divinidad y obtener información divina.

El hinojo es uno de los ingredientes del conjuro de las nueve hierbas, un texto anglosajón del siglo X donde se explica la preparación de un antídoto contra el veneno; se consideraba también que el preparado curaba todas las infecciones (*véase* pág. 106).

PROPIEDADES MÁGICAS

El hinojo es un gran protector y se cuelga de portales y ventanas para proteger el hogar contra el mal, los visitantes no deseados y la magia maliciosa. Una hierba tradicional del solsticio de verano, es especialmente potente si se cuelga en la casa la víspera de este momento. Las semillas de hinojo secas se queman como incienso para alejar de la casa cualquier energía

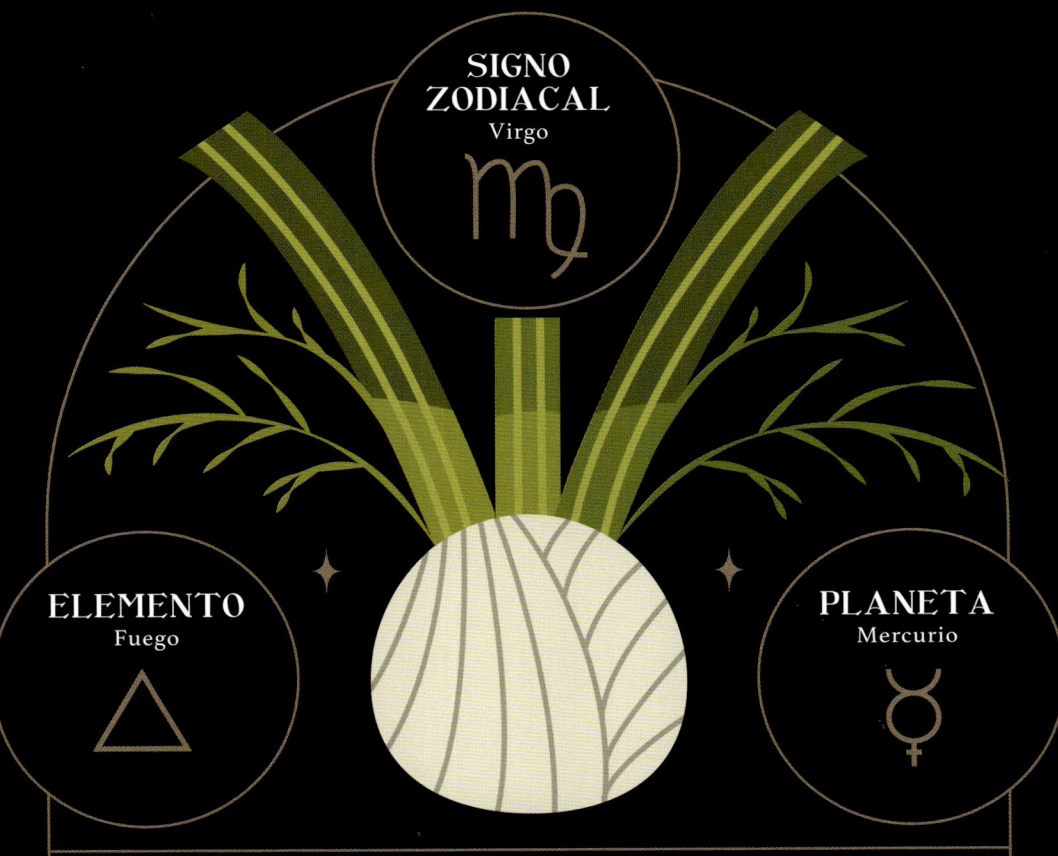

SIGNO ZODIACAL
Virgo

ELEMENTO
Fuego

PLANETA
Mercurio

HINOJO
Foeniculum vulgare

PROPIEDADES MÁGICAS

- Protege
- Elimina la energía negativa
- Purifica
- Fortalece las habilidades psíquicas, la memoria, el valor, la fuerza y la confianza
- Fomenta la fertilidad y la longevidad

PROPIEDADES MEDICINALES

- Desintoxica
- Reduce la retención de líquidos
- Quita el apetito
- Alivia los síntomas de la menopausia
- Alivia los dolores menstruales
- Estimula la producción de leche de las madres lactantes

NOMBRES POPULARES
Abrojo, cinojo, anís, cenojo, anisete silvestre, fenollo, fenojo, linojo, hierba santa

negativa que permanezca en ella y para purificar el aire, aportando más protección al hogar.

El hinojo sirve también para reforzar las capacidades psíquicas. Queme una mezcla de semillas de hinojo y artemisa durante las prácticas de meditación, la adivinación o la realización de cualquier hechizo o ritual con este fin. Cuando el hinojo se mezcla y se quema junto con piel de limón, lavanda, romero y semillas de eneldo, refuerza la memoria y fortalece el ánimo.

El hinojo es conocido por dar valor y fuerza. Para invocar el valor que necesita, unte una vela con un aceite portador como el de girasol o jojoba y pásela por semillas de hinojo molidas.

Mientras la vela arde, visualice cómo se van acercando a usted la fuerza y el valor. Una vez consumida, entierre lo que quede de la vela en algún lugar de su propiedad para que siga atrayendo este tipo de energía hacia usted. Asimismo, puede masticar unas semillas de hinojo antes de hacer cualquier cosa que requiera valor, y si precisa una dosis extra de confianza, lleve las semillas en el bolsillo.

El consumo de hinojo se asocia mágicamente con la fertilidad y la longevidad, y las semillas sirven como afrodisíaco si las incluye en hechizos y rituales amorosos.

PROPIEDADES MEDICINALES

El hinojo es bueno para la digestión. Para preparar un té digestivo, añada semillas machacadas de hinojo y de comino, 1 cucharadita de cada, y semillas enteras de comino a una taza de agua caliente y espere 5-10 minutos antes de tomarla para mejorar la digestión y desintoxicar el cuerpo. Tómelo 2 o 3 veces al día. Las semillas de hinojo solas, tomadas como té, ayudan con la retención de líquidos, disminuyen el apetito si quiere perder peso y alivian los síntomas asociados con la menopausia y perimenopausia, como los sofocos. Ayuda también con los dolores menstruales y el síndrome del ovario poliquístico. El hinojo sirve para tratar dolencias respiratorias como la bronquitis: prepare una tintura (*véase* pág. 20) y tómela con una bebida o alimentos o póngasela bajo la lengua 3 o 4 veces al día. Además, es muy nutritivo y contiene abundante vitamina C, magnesio,

potasio, antioxidantes y fibra, que resultan beneficiosos para la salud del corazón y para reducir factores de riesgo, como el colesterol elevado.

El té es una forma popular de aprovechar las propiedades medicinales de las hierbas, pero para algunas brujas el tema terminó mal. A principios del siglo XVII, Joan, Margaret y Philippa Flower, de Belvoir, condado de Leicestershire, conocidas por sus poderes curativos, prepararon un té de hierbas para sanar a los hijos del conde y la condesa de Rutland. Las mujeres fueron acusadas de brujería cuando dos de los niños murieron.

MATRICARIA
Tanacetum parthenium

FOLCLORE

Miembro de la familia de las margaritas, la matricaria se suele encontrar en los márgenes de los caminos y en los jardines. Sus hojas son de un verde amarillento y es muy aromática, sobre todo cuando se machacan las hojas. Autóctona de la península balcánica, la matricaria se encuentra ahora en el resto de Europa, Norteamérica y Australia.

En la Europa medieval se plantaba matricaria cerca de la puerta de entrada de una casa para proteger a sus habitantes de la peste, lo que la convirtió en una hierba de cultivo popular en los jardines. También se consideraba protectora contra la interferencia del pueblo de las hadas, en especial durante el solsticio de verano. Además de ser protectora, los jinetes la consideraban una hierba potente. En East Anglia (Inglaterra), en el siglo XVI, empleaban matricaria para calmar el temperamento de los caballos desobedientes que no lograban calmar o domesticar. Los antiguos griegos emplearon matricaria, junto con hisopo y romero, para proteger las vidas de los trabajadores que pudieran caer del Partenón durante su construcción en el siglo V.

En la Inglaterra anglosajona se creía que la matricaria era un remedio contra el «disparo de duende». Esta dolencia la causaban los duendes al disparar flechas con punta de pedernal contra personas y animales, en especial el ganado. El dolor en la zona afectada era intenso. El libro anglosajón *Lacnunga*, habla de hervir matricaria con ortiga roja y llantén y aplicar la mezcla sobre la zona herida para curar el dolor. Se creía que gracias a sus hojas puntiagudas, estas hierbas contrarrestaban el impacto del disparo de la flecha.

PROPIEDADES MÁGICAS

La matricaria es conocida por sus propiedades protectoras y es un eficaz escudo contra cualquier tipo de energía negativa o mala intención. Las hojas de la matricaria se llevan en el bolsillo como amuleto para cualquier tipo de protección personal, o se cuelgan junto a la puerta de entra- da para proteger la casa. Para una protección extra en el hogar y evitar que sus habitantes enfermen, cultive matricaria en su jardín.

Sirve asimismo para hechizos de destierro. Machaque en el mortero unas hojas de matri- caria junto con romero y salvia común y haga una mezcla con aceite. Unte una vela negra con esta mezcla y pásela por las hierbas para que se adhieran a ella. Una vez consumida la vela, entierre los residuos lejos de su casa para desterrar las energías negativas o las no deseadas que se le puedan haber pegado

Del mismo modo que los antiguos griegos utilizaron matricaria como amuleto para proteger las vidas de los trabajadores durante la construcción del Partenón, puede poner matricaria, hisopo y romero en una bolsita amuleto como protección mágica contra los accidentes en general. Contra los accidentes durante un viaje, ponga matricaria en una bolsita junto con una medalla de san Cristóbal (patrón de los viajeros) y raíz de consuelda, y llévela encima o guárdela en algún lugar del coche o en la maleta.

PROPIEDADES MEDICINALES

La matricaria se utiliza en la medicina popular desde hace más de 2000 años. El médico griego Pedanio Dioscórides la utilizó en el año 60 e. c. para «todo tipo de inflamaciones», y puede emplearse para tratar dolencias inflamatorias como la artritis reumatoide. Para tratar la inflamación, prepare una compresa fría empapando un paño en una tisana o aceite de matricaria y aplíquela directamente sobre la zona inflamada para reducir la hinchazón. La matricaria se usaba también para curar las fiebres. Prepare una compresa templada calentando la tisana en un cazo y empapando en ella un paño. A continuación, aplíquela sobre la frente para extraer el calor corporal asociado con la fiebre.

La matricaria ayuda con los dolores menstruales por sus propiedades antiinflamatorias; reduce la inflamación del recubrimiento uterino que causa el dolor. Para ello, coma 2 o 3 hojas de matricaria al día durante 3-4 días antes del periodo, o cuando suelan presentarse los dolores menstruales.

La matricaria es un remedio eficaz contra la migraña. Es posible que los efectos acumulativos de esta planta reduzcan los espasmos musculares que forman parte de muchos tipos de migrañas. Para tratarlas, coma todos los días 3 hojas pequeñas y frescas de matricaria, de unos 4 cm de largo. Las hojas pueden comerse solas o mezcladas con otros alimentos si quiere disimular su sabor amargo. Es posible que seguir esta rutina durante 2 meses tenga un impacto significativo en quienes sufren de migrañas.

DESCARGO DE RESPONSABILIDAD:
*Puede emplear matricaria para inducir la menstruación si tiene un retraso,
pero debe evitarla durante el embarazo.*

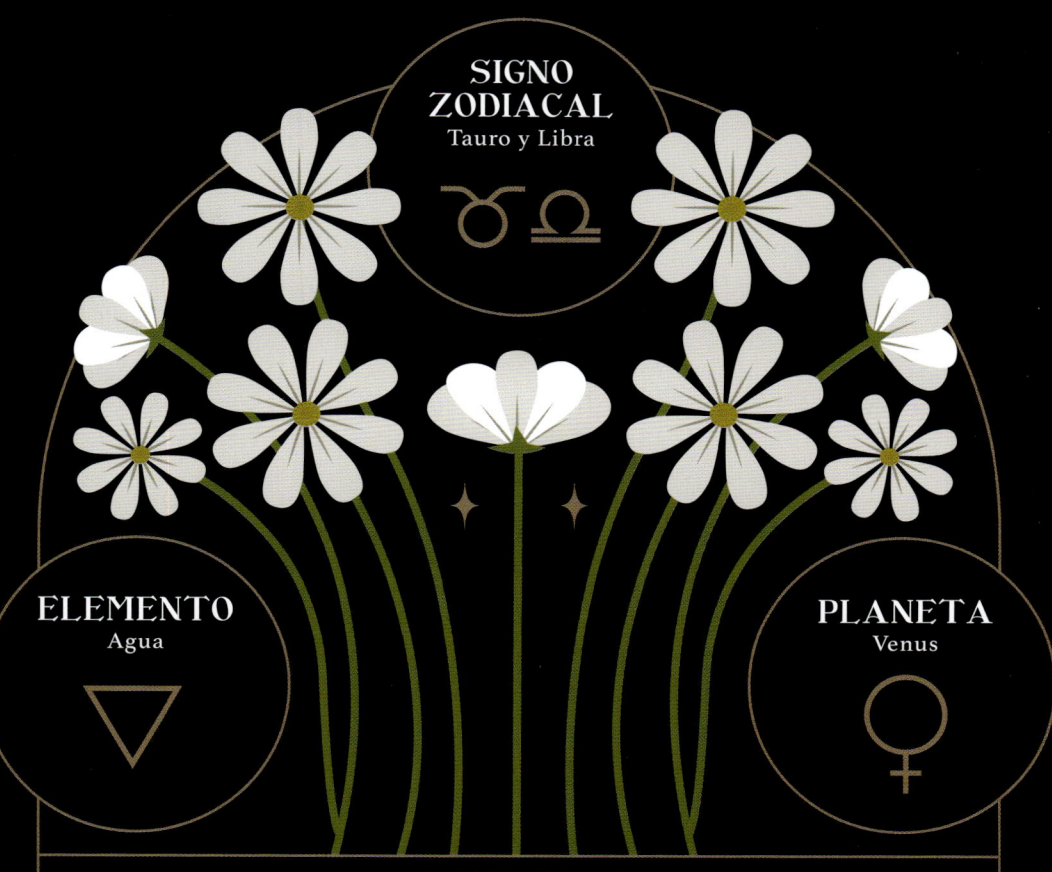

SIGNO ZODIACAL
Tauro y Libra

♉ ♎

ELEMENTO
Agua

▽

PLANETA
Venus

♀

MATRICARIA
Tanacetum parthenium

PROPIEDADES MÁGICAS

- Protege
- Previene la enfermedad
- Se utiliza en hechizos de destierro
- Purifica
- Evita accidentes
- Protege durante los viajes

PROPIEDADES MEDICINALES

- Trata la hinchazón
- Cura la fiebre
- Alivia los dolores menstruales
- Trata las migrañas y dolores de cabeza

NOMBRES POPULARES Altamisa, amargaza, amargazón, botón de plata, camamila de los huertos, chapote, flor de la calentura, hierba santa

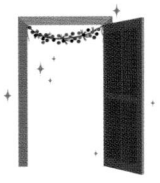
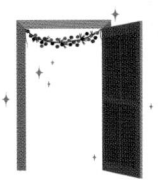

ENEBRO
Juniperus communis

FOLCLORE

El enebro es miembro de la familia del ciprés y es una conífera perenne que se encuentra en todo el hemisferio norte. Tiene hojas en forma de aguja y la planta hembra del enebro común produce bayas de un negro azulado que se usan en la medicina popular desde hace milenios. No todas las bayas de enebro son comestibles, pero las del enebro común se utilizan con frecuencia en alimentos, bebidas y preparados medicinales.

En el antiguo Egipto se usaba el aceite de bayas de enebro para ungir los cadáveres durante el proceso de momificación, para conservarlos y garantizar que el cuerpo espiritual siguiera existiendo en el más allá. Cuando se excavó la tumba de Tutankamón en la década de 1920, se encontraron bayas de enebro en su sarcófago, ya que también se creía que las bayas permitían que las almas de los difuntos maduraran hasta que pudieran reencarnarse.

Los antiguos griegos creían que las bayas de enebro aumentaban la resistencia física, y por ello solían consumirlas durante las Olimpiadas y otros eventos y actividades deportivas.

Según el folclore europeo, el enebro poseía importantes propiedades purificadoras y se arrojaba de forma ritual a las hogueras de Beltane para purificar a las personas y sus hogares. Se creía también que esto ayudaba a purificar a los animales y los protegía contra las enfermedades. Quemar enebro no solo protegía a los animales contra la enfermedad, sino que cuando las personas inhalaban el humo, se consideraba que quedaban protegidas contra la peste. Asimismo, creían que el enebro les protegía contra todo tipo de espíritu maligno o magia maliciosa, y que si lo colgaban del portal de la casa, las brujas se verían obligadas a contar todas las hojas antes de entrar en ella.

PROPIEDADES MÁGICAS

Por lo que se desprende del folclore, el enebro es un excelente purificador. Sus hojas se pueden quemar como incienso para purificar el ambiente y limpiar el hogar de energías negativas; es una buena hierba para ser quemada y purificar así los espacios sagrados y las herramientas y objetos

SIGNO ZODIACAL
Leo y Aries

ELEMENTO
Fuego

PLANETA
El Sol

ENEBRO
Juniperus communis

PROPIEDADES MÁGICAS

- Purifica
- Limpia las herramientas mágicas
- Protege
- Atrae la buena salud y la buena suerte

PROPIEDADES MEDICINALES

- Refuerza el sistema inmunitario
- Fomenta la buena salud del corazón
- Reduce la inflamación de músculos y articulaciones
- Fomenta la paz
- Reduce la ansiedad
- Induce la relajación

NOMBRES POPULARES Ginebro, jabino, chaparro, arándano de nebrera, cimbro, anavío

utilizados en hechizos y rituales. Quemar esta hierba incrementa las habilidades psíquicas. Prepare una infusión de enebro y lave con ella las herramientas mágicas, altares, espacios rituales, los suelos de la casa, la puerta de entrada y las ventanas, para evitar que los espíritus malévolos penetren en su casa. Cuelgue una ramita sobre la entrada de su hogar para protegerlo contra las malas intenciones y la energía negativa.

El enebro es un gran protector. Se trata de una planta muy útil para protegerse durante los viajes; dejar una bolsita con enebro en el coche evita los accidentes. Un antiguo amuleto popular para la protección en los viajes era hacer siete nudos en un trozo de cordel rojo, atar en ellos siete ramitas de enebro y colgar el cordel del espejo retrovisor.

El enebro elimina las energías negativas y no deseadas, pero también es muy conocido por su capacidad de atraer la buena salud y la suerte. Plante un enebro en su jardín para atraer la buena suerte hacia su hogar, o ponga unas agujas y bayas en una bolsita y llévela encima para un toque extra de buena suerte.

PROPIEDADES MEDICINALES

Las bayas de enebro poseen numerosos usos medicinales. Están repletas de antioxidantes y vitamina C, sutancias que refuerzan el sistema inmunitario y favorecen la buena salud si se toman como jarabe, sobre todo en los meses invernales en los que abundan los resfriados y la tos. Para preparar un jarabe, hierva las bayas en agua a fuego lento de 20 a 25 minutos, cuele la pasta que se ha formado y las semillas y quédese con el agua; añada cantidades iguales de agua y miel al líquido. Déjelo a fuego lento hasta que adquiera una consistencia bastante espesa. Tome 1 cucharada de jarabe una vez al día. El elevado nivel de antioxidantes contribuirá a mantener sano su corazón.

En forma de aceite, los antioxidantes de las bayas de enebro ayudan a reducir la inflamación. Ponga las bayas en un frasco hermético y añada un aceite portador, como el de girasol o jojoba, y déjelo reposar 4 semanas —no olvide agitarlo diariamente— antes de aplicar el aceite en las zonas inflamadas del cuerpo, como articulaciones y músculos. Tomar las bayas en la comida o en forma de té también ayuda a mitigar la inflamación.

El uso de aceite esencial de enebro en aromaterapia tiene un efecto calmante, reduce la ansiedad y fomenta la relajación al inhalarlo (los aceites esenciales no deberían ingerirse ni aplicarse directamente sobre la piel).

DESCARGO DE RESPONSABILIDAD:

Evite el enebro durante el embarazo.

LAVANDA
Lavandula angustifolia

FOLCLORE

Miembro de la familia de la menta, la lavanda es un arbusto perenne de largas hojas verde grisáceas y flores lilas. Autóctona del Mediterráneo y del Oriente Medio, se ha extendido por todo el mundo y actualmente existen unas 30 especies de lavanda, siendo las más comunes las variedades inglesa y francesa.

La lavanda es una de las hierbas más conocidas del mundo y se utiliza desde hace más de 2000 años. Los antiguos egipcios empleaban aceite de lavanda durante el proceso de momificación, y los romanos la usaban en el baño por su fragancia. También se menciona en la Biblia: denominado espicanardo (o nardo), formaba el costoso ungüento que María utilizó para ungir los pies de Jesús. Los romanos le cambiaron el nombre a lavanda, del latín *lavare* («lavar»).

En la Europa medieval y renacentista, la lavanda se asociaba con el lavado y el baño. Las lavanderas eran conocidas por lavar la ropa y extenderla sobre arbustos de lavanda para que al secarse absorbieran su fragancia. Se sabe que en la Francia del siglo XVII, Luis XIV utilizaba aceite de lavanda para perfumar el agua del baño.

En el siglo XIV, la lavanda se utilizaba en Portugal y España para ahuyentar el mal, y era un componente de las hogueras de la víspera de san Juan (24 de junio) y del día de san Lucas (18 de octubre). En Europa, las jóvenes solían poner lavanda bajo la almohada esperando soñar con su amor verdadero. Los amantes se intercambiaban lavanda como símbolo de amor y lealtad.

PROPIEDADES MÁGICAS

La lavanda se utiliza en todo tipo de hechizos y rituales asociados con la calma, la felicidad y la paz. Para este fin, prepare una mezcla para el baño con partes iguales de lavanda, manzanilla, pasiflora y melisa; ponga las hierbas en una bolsita de organza o muselina e introdúzcala en el agua del baño. Puede utilizar lavanda seca o aceite esencial para untar una vela blanca y dejarla arder para atraer la paz y la calma. Esto le ayudará a concentrarse durante la meditación.

La lavanda es conocida por su capacidad de ahuyentar y evitar las pesadillas. Rellene una almohadilla con lavanda, 1 cucharada de hojas de enebro, 3 hojas de laurel y 1 cucharada de tomillo y póngala bajo su almohada durante la noche. También puede usar la lavanda sola en una almohada de sueños para despertar su mente inconsciente y facilitar los sueños lúcidos durante la noche.

La lavanda fortalece las capacidades psíquicas. Quémela como incienso cuando lleve a cabo hechizos y rituales asociados con la elevación de la conciencia psíquica. Utilice lavanda seca o aceite esencial de lavanda para untar una vela violeta; mientras esta arde aumentarán sus habilidades psíquicas. El aceite esencial de lavanda diluido en un aceite portador se puede frotar en el entrecejo para abrir el tercer ojo.

Tal vez la lavanda no sea la primera hierba que se le ocurra al pensar en protección, pero sepa que sirve para mantener alejadas las malas influencias y la energía negativa gracias a sus sutiles propiedades protectoras. Puede llevar encima como amuleto lavanda fresca o seca, o bien añadir 5 gotas de aceite esencial a 20 ml de aceite portador y frotarse con él los puntos de pulso para la protección personal.

PROPIEDADES MEDICINALES

La lavanda es bien conocida por su capacidad de mitigar la ansiedad, ya que el simple hecho de aspirar su aroma alivia la sensación de estrés. Ayuda a combatir la depresión y eleva el ánimo. Lleve una botellita de aceite esencial de lavanda en el bolsillo para olerlo cuando desee; también puede quemar el aceite en un quemador o usarlo como incienso en el hogar para combatir la ansiedad y propiciar un entorno tranquilo y agradable. Al oler la fragancia de la lavanda es fácil que alivie el dolor de cabeza y la sensación de agotamiento.

Asimismo, esta magnífica planta ayuda a combatir el insomnio. Tome un té de lavanda, lúpulo, pasiflora y manzanilla antes de acostarse para fomentar un sueño reparador, o prepare una pomada con estas mismas hierbas y aplíquesela en las sienes antes de acostarse (véase pág. 22).

Gracias a sus propiedades antibacterianas y antisépticas, la lavanda se emplea para tratar heridas, mordeduras de insectos y quemaduras. Un remedio común de uso externo para combatir la infección es aplicar directamente unas gotas de aceite esencial de lavanda diluido sobre la zona afectada (véase pág. 18). Para combatir la infección internamente, deje macerar en vino tinto lavanda, canela en rama, romero, sándalo rojo y nuez moscada durante una semana. El resultado será una tintura conocida como lavanda roja. Tome de 30 a 60 gotas distribuidas en 3 a 6 dosis al día; puede ingerirlas poniéndoselas directamente bajo la lengua o en una bebida.

La lavanda posee asimismo cualidades antiinflamatorias y analgésicas. Aplique un aceite de lavanda para masaje en las articulaciones inflamadas; también ayuda a reducir el dolor de los músculos doloridos.

SIGNO ZODIACAL
Géminis y Virgo

ELEMENTO
Aire

PLANETA
Mercurio

LAVANDA
Lavandula angustifolia

PROPIEDADES MÁGICAS

- Fomenta la calma, la paz y la felicidad
- Mantiene alejadas las pesadillas
- Propicia los sueños lúcidos
- Realza las capacidades psíquicas
- Abre el tercer ojo
- Protege
- Mantiene alejadas las energías nocivas

PROPIEDADES MEDICINALES

- Alivia la ansiedad
- Reduce el estrés
- Combate la depresión
- Eleva el ánimo
- Mitiga el insomnio
- Alivia los dolores musculares

NOMBRES POPULARES Espliego, espigola, espigolina, alhucema, cantueso

SIGNO ZODIACAL
Cáncer

ELEMENTO
Agua

PLANETA
Júpiter

MELISA
Melissa officinalis

PROPIEDADES MÁGICAS

- Atrae el amor
- Trae felicidad
- Atrae la prosperidad
- Purifica
- Atrae el éxito
- Aumenta la confianza en uno mismo
- Ayuda a manifestar los sueños

PROPIEDADES MEDICINALES

- Reduce la ansiedad y el estrés
- Mejora la calidad del sueño
- Mejora la digestión
- Ayuda a relajarse
- Favorece la concentración
- Eleva el ánimo
- Reduce el dolor de músculos y articulaciones

NOMBRES POPULARES Menta melisa, hoja de limón o toronjil, hierba limonera, hierba luna, limoncillo, limonera, té de calazo, toronjil, yerba cidrera

MELISA
Melissa officinalis

FOLCLORE

La melisa es una hierba arbustiva autóctona de Europa, norte de África y oeste de Asia, aunque actualmente se da en todo el mundo. Miembro de la familia de la menta, la melisa tiene hojas anchas en forma de corazón y bordes dentados que despiden una fragancia a limón al machacarlas o frotarlas. En primavera y verano presenta racimos de pequeñas flores de color amarillo pálido y blanco que crecen en la unión de las hojas con el tallo.

Los antiguos griegos la llamaban *melissa*, que significa «abeja melífera», porque sus flores atraen a las abejas; se solía plantar cerca de las colmenas. En la mitología griega, Melisa era también el nombre de la ninfa que descubrió la miel y, por ello, adoptó la forma de una abeja. Asimismo utilizó la miel para alimentar al Zeus niño, para que fuera capaz de adquirir el poder de convertirse en el rey de los dioses. Las abejas estaban consagradas a la diosa griega Artemisa y muchas de las sacerdotisas que la servían eran llamadas «abeja» como título honorífico. Puesto que el oráculo de Delfos también se denominaba «abeja», la melisa se asoció con la inmortalidad, el poder y lo desconocido.

Uno de los primeros usos conocidos de la melisa proviene del médico griego Pedanio Dioscórides, que la usó con vino para instaurar la calma. A principios del siglo XVII, el herborista Nicholas Culpeper escribió en su libro *The Complete Herbal* que la melisa se asocia con el signo zodiacal de Cáncer y el elemento agua, y que mezclada con miel posee la capacidad de influir sobre las emociones y calmarlas.

PROPIEDADES MÁGICAS

La melisa se asocia con el amor y la felicidad y se emplea para atraer el amor a la vida de uno. Ponga 1 cucharadita de melisa en 250 ml de vino blanco y espere unas horas antes de tomarlo con otra persona, así atraerá más amor hacia su relación. Compartir este vino con amigos ayuda a consolidar los lazos de amistad. La melisa se utiliza en hechizos de amor y, mezclada en una bolsita con hojas de espino albar, pétalos de rosa y romero, ayuda a curar un corazón roto.

La melisa atrae la felicidad a su vida. Cuelgue un poco en su casa para crear un ambiente feliz. Asimismo, también atrae la prosperidad hacia todos los miembros del hogar si enciende una vela verde recubierta de melisa triturada y entierra los restos, una vez consumida, en algún lugar de la propiedad.

La melisa es purificadora. Puede quemarla como incienso para purificar un espacio o añadirla al agua que utilizará para fregar el suelo de casa. También se añade a baños rituales con fines de purificación, mezclada con cilantro, menta y perejil.

Es una hierba conocida por su capacidad de atraer el éxito y la confianza en uno mismo. Lleve unas hojas de melisa encima siempre que precise aumentar la autoestima. O llévelas en el bolsillo para garantizar el éxito cuando tenga un examen o acuda a una entrevista de trabajo.

La melisa se asocia con la manifestación de sueños. Para ello, escríbalos en un papel e introduzca este en una bolsita junto con hojas de melisa seca; lleve la bolsita encima hasta que sus sueños se hagan realidad.

PROPIEDADES MEDICINALES

La melisa es una hierba calmante que ayuda a reducir la ansiedad y el estrés, y mejora la calidad del sueño. Para preparar una tintura contra la ansiedad, ponga una taza llena de hojas de melisa picadas en un tarro hermético con alcohol de 40°, como vodka o brandy, procurando que las hojas queden bien sumergidas. Déjelo reposar un mes, pero agite el frasco diariamente. Cuele las hojas y descártelas antes de utilizar la tintura: tome 15 gotas 3 veces al día.

Preparar tinturas era una práctica común entre curanderos y brujas. En el año 1576, una mujer de Ayrshire llamada Bessi Dunlop fue acusada de brujería, y en su juicio relató cómo hacía sus remedios tradicionales; preparaba tinturas, emplastos y ungüentos para curar a las personas de su comunidad y su ganado.

Prepare un té con melisa y valeriana y tómelo antes de acostarse para una noche de sueño reparador. Tomar un té de melisa inmediatamente después de una comida facilita la digestión. En aromaterapia, la melisa ayuda a relajarse, mejora la concentración y eleva el ánimo. Para este fin, lleve una botellita de aceite esencial de melisa con usted y huélalo de forma regular, cuando lo necesite, o bien queme el aceite en un quemador.

MEJORANA
Origanum majorana

FOLCLORE

Similar al orégano, la mejorana es una hierba aromática de la familia de la menta. Autóctona del Mediterráneo y Asia occidental, la mejorana es una planta arbustiva de hojas ligeramente ovaladas que crecen en pares a lo largo de un tallo cuadrado; son dulces, con un toque de cítrico y pino. En la parte superior de los tallos presentan unas pequeñas flores blancas, lilas o rosas de aspecto parecido al lúpulo.

Los antiguos egipcios la consideraban sagrada para Osiris, el dios del inframundo, y por esta asociación se utilizaba como hierba funeraria para embalsamar los cadáveres. En la mitología griega, la mejorana estaba consagrada al dios Himeneo, hijo de Afrodita, y en la antigua Roma se creía que era Venus, la diosa del amor, quien había creado la hierba y le había dado su dulce fragancia. Por este motivo se la consideraba símbolo del amor, la felicidad y la alegría, además de afrodisíaca. Las jóvenes parejas llevaban guirnaldas de mejorana el día de su boda como símbolo de amor y honor. Esta práctica siguió siendo común en toda Europa durante la Edad Media.

La mejorana aparece en *Banckes's Herbal*, el primer libro sobre hierbas editado en Inglaterra en 1527, donde se mencionan sus efectos sedativos. Unos siglos después, se descubrió que la mejorana producía un efecto narcótico si se tomaba en grandes dosis y, por ello, se incluyó en la receta original de la absenta cuando se introdujo en Francia a principios de la década de 1800.

PROPIEDADES MÁGICAS

La mejorana se asocia con el amor y se utiliza en hechizos y rituales amorosos. Se cree que si se pone mejorana seca en las cuatro esquinas del dormitorio y debajo de la almohada, la persona en cuestión soñará con su futuro enamorado y lo atraerá hacia ella.

Otra forma de atraer el amor es aplicarse unas gotas de aceite esencial de mejorana mezclado con un aceite portador. Para prepararlo, añada 4 gotas de aceite esencial a 10 ml de un aceite portador, como puede ser el de semilla de uva o el de jojoba.

SIGNO ZODIACAL
Géminis y Capricornio

ELEMENTO
Aire

PLANETA
Mercurio

MEJORANA
Origanum majorana

PROPIEDADES MÁGICAS

- Atrae el amor y los sueños sobre su futuro amante
- Clarifica los mensajes recibidos durante la adivinación
- Repara rupturas y discusiones
- Fortalece el amor
- Libera de la aflicción
- Atrae la felicidad
- Elimina energías negativas

PROPIEDADES MEDICINALES

- Alivia los problemas digestivos
- Alivia los dolores menstruales
- Regula las hormonas
- Alivia la tensión premenstrual
- Calma los nervios
- Alivia el malestar emocional
- Reduce la ansiedad
- Combate el insomnio

NOMBRES POPULARES
Mayorana, manjerona, marjorama, almoraduj

Tomar una taza de té de mejorana antes de una sesión de adivinación amorosa le ayudará a interpretar con mayor claridad los mensajes que lleguen. Si utiliza un péndulo, una bola de cristal o las runas aumentará la claridad de la información que llegue sobre su amor limpiando estas herramientas adivinatorias antes de usarlas con una infusión de mejorana. Utilice mejorana para ayudar a reparar las rupturas y discusiones en una relación romántica; espolvoree mejorana seca sobre la comida que compartirá con su pareja. Aproveche el poder de la mejorana para fortalecer el amor dejando 3 cucharaditas de mejorana en 300 ml de vino blanco o tinto durante unas horas, y después compartiéndolo con su pareja para fortalecer el amor entre los dos. Beber vino con mejorana ayuda a liberarse de la aflicción, atrae la felicidad y destierra la tristeza.

La mejorana es muy protectora. Para proteger su hogar o negocio, ponga hojas de mejorana en las cuatro esquinas de su casa o local comercial; renuévelas cada mes. Esparza mejorana seca por la casa o negocio para atraer la buena fortuna y eliminar cualquier energía negativa o dañina. Para la protección personal, lleve hojas de mejorana en el bolsillo; simplemente asegúrese de cambiarlas cada mes para que conserven toda su fuerza.

PROPIEDADES MEDICINALES

Utilizada en la cocina mediterránea, la mejorana posee toda una serie de propiedades medicinales. Ayuda con las molestias digestivas porque relaja los músculos del sistema digestivo y alivia los dolores y molestias estomacales y la indigestión. Para ello, tome un té de mejorana 3 veces al día después de las comidas. Asimismo, esta hierba relaja los músculos del sistema reproductor y alivia los calambres menstruales, y por su capacidad de regular las hormonas, alivia los síntomas de la tensión premenstrual. Con este fin, tómela como té, jarabe o tintura. Para tratar los calambres, añada 6 gotas de aceite esencial de mejorana al agua de un baño caliente.

La mejorana ayuda a calmar los nervios y el malestar emocional. Para preparar una tintura para este propósito, llene un frasco hermético con hojas picadas de mejorana, melisa y lavanda, sin apretarlas, y vierta el suficiente alcohol de 40° para recubrirlas. Selle el frasco y guárdelo en un lugar fresco y oscuro 6 semanas; agítelo diariamente. Al cabo de este tiempo, escurra las hierbas y la tintura estará lista para usar. Si quiere que sea más potente, añada mejorana, lavanda y melisa frescas y repita el proceso. Tome de 20 a 50 gotas de tintura en total en un día para calmar los nervios y las emociones. Esta tintura alivia también el insomnio y la ansiedad.

DESCARGO DE RESPONSABILIDAD:
No utilice mejorana durante el embarazo.

MENTA
Mentha

FOLCLORE

La menta es una hierba aromática que crece y se extiende rápidamente si no se contiene de forma regular. Sus hojas son ovaladas y puntiagudas, de bordes dentados, y presenta pequeñas flores lilas, rosas y blancas. Se suele recoger antes de que florezca, para evitar que las hojas pierdan sabor. La familia de la menta cuenta con 25 especies, autóctonas de Europa, Asia, Norteamérica, África del sur y Australia, aunque se da en zonas templadas de todo el mundo.

En la mitología griega, el género *mentha* se deriva de Mente o Minte, el nombre de una ninfa fluvial adorada por el dios griego Hades (conocido también como Plutón). Perséfone, esposa de Hades, sintió celos y se vengó convirtiendo a Mente en la planta que hoy conocemos como menta, para que todos la pisaran por toda la eternidad. Hades intentó salvar a Mente, pero fue incapaz de deshacer el hechizo. Entonces le dio a Mente una aromática fragancia que se liberaba en el aire cuando alguien pisaba o machacaba sus hojas.

Nicholas Culpeper, en *The Complete Herbal*, escribió que no se debería dar menta a una persona herida, ya que eso podría evitar la sanación de sus heridas. Asimismo, mencionó que la menta «suscita deseo o lujuria corporal», razón por la cual los antiguos griegos advertían a sus soldados contra su uso. Creían que una mayor libido llevaría a más relaciones sexuales y eso disminuiría el valor que el soldado necesitaba en el campo de batalla. En cambio, los antiguos romanos tenían una opinión diferente sobre la menta. Plinio el Viejo sostenía que la menta era «contraria a la procreación» y no deberían consumirla quienes deseaban concebir. Además, creía que la menta reforzaba la memoria, por lo que animaba a los estudiantes a llevar coronas trenzadas con menta.

PROPIEDADES MÁGICAS

La menta es conocida por su capacidad de atraer la abundancia y la prosperidad. Es una hierba excelente para añadir a los boles de prosperidad y llevarla en la cartera, con el dinero y las tarjetas de crédito, para atraer la prosperidad y la riqueza a su vida. Para un hechizo sencillo, grabe la palabra «prosperidad» en una vela verde y pásela por menta y albahaca. Deje consumir la

SIGNO ZODIACAL
Tauro y Virgo

♉ ♍

ELEMENTO
Aire

PLANETA
Mercurio

☿

MENTA
Mentha

PROPIEDADES MÁGICAS

- Atrae el dinero, la prosperidad y la abundancia
- Purifica
- Protege
- Fomenta la claridad mental, la renovación y la fuerza
- Da paso a los nuevos inicios

PROPIEDADES MEDICINALES

- Alivia el dolor de cabeza
- Mejora la función cerebral
- Refuerza la memoria
- Aumenta la agudeza
- Ayuda a estar concentrado y bien enfocado
- Alivia el dolor de articulaciones y músculos
- Alivia el dolor estomacal
- Alivia la indigestión
- Alivia el síndrome de colon irritable

NOMBRES POPULARES Hortelana, hierba buena, hierbabuena, piperita

vela y entierre los residuos en su jardín para atraer la prosperidad que desea.

La menta es una hierba purificadora que se quema para eliminar cualquier energía negativa de un espacio. Es perfecta para quemar porque purifica los instrumentos rituales, y se utiliza después de realizar un hechizo para eliminar cualquier energía residual del espacio de trabajo. En el folclore, la menta se utiliza en exorcismos. Además, atrae e incrementa las energías positivas y la buena suerte. Lleve menta encima, en una bolsita, o ponga una gota de aceite esencial de menta en las etiquetas de su ropa cuando necesite estimular la buena suerte.

Por sus cualidades protectoras, la menta se utiliza en cualquier tipo de hechizo o ritual de protección, ya que evita que la energía negativa o no deseada interfiera con su magia. Para proteger el hogar, deje un bol de menta en la entrada de la casa o espolvoréela en el umbral.

Esta hierba le ayuda a tener claridad mental. Si le cuesta tomar una decisión, sostenga 2 o 3 hojas de menta en las manos cuando medite y huela el aroma para recibir la claridad que necesita. La menta se asocia también con la renovación y la fuerza y se puede tomar como un té con este propósito. Prepare un té con hojas de menta fresca para dar paso a los nuevos inicios.

PROPIEDADES MEDICINALES

La menta es conocida por aliviar los dolores de cabeza. Mezcle 4 gotas de aceite esencial de menta con 10 ml de aceite portador y frótese las sienes. La menta mejora la función cerebral cuando se quema en forma de aceite esencial, para cuando necesita una dosis extra de memoria. Oler la aromática fragancia de la menta ayuda a estar alerta, reduce la frustración y hace que el cerebro retenga mejor la información, en especial en el estudio. Queme aceite esencial de menta en un quemador o huela el aceite esencial de la botellita cuando necesite estimular su memoria, concentración y capacidad de enfoque.

La menta alivia el dolor de articulaciones y músculos porque es un potente antiinflamatorio. Mezcle unas gotas de aceite esencial de menta con el agua caliente del baño, o combine el aceite esencial con un aceite portador y masajee la zona afectada para calmar el dolor.

Tomar un té de menta alivia toda una serie de problemas gastrointestinales, como el dolor de estómago, la indigestión o el síndrome de colon irritable. Tomar una taza de té de menta 3 veces al día, preparado con un puñado de hojas de menta fresca, regula la relajación muscular y contribuye a desinflamar el tracto gastrointestinal.

ARTEMISA
Artemisia vulgaris

FOLCLORE

Autóctona de Europa, Asia y norte de África, la artemisa se puede considerar una mala hierba invasiva. Tiene un tallo rojo purpúreo, hojas verde oscuro con un envés velloso y ligeramente plateado, y unas flores amarillas que crecen en pináculos de un aroma característico. La artemisa se conoce como «la hierba de la bruja». El nombre en latín es *artemisia*, por la diosa lunar griega Artemisa. Era la diosa del parto y de las comadronas, y protegía a las jóvenes hasta la edad casadera; por ello se solía plantar artemisa cerca de la puerta de entrada de la sanadora, partera o bruja local.

En la Edad Media, la artemisa se cristianizó y se asoció con san Juan Bautista, alegando que Juan se llevó esta hierba al desierto para que le protegiera. Por esta asociación surgió la costumbre de llevar una guirnalda de artemisa el día de san Juan (24 de junio), que pasó a denominarse «cinto de san Juan» y que se arrojaba a una hoguera ceremonial para garantizar la protección durante el año venidero. En esa época, se creía que si se recogía la planta la víspera de san Juan —la energía de la artemisa alcanza su punto álgido en esta época del año—, la persona estaría protegida contra la peste y los malos espíritus. Una práctica popular germánica consistía en escarbar bajo las raíces de una planta de artemisa para encontrar carbón, que después se llevaba encima como protección contra la brujería.

PROPIEDADES MÁGICAS

La artemisa se asocia con las habilidades psíquicas. Se quema mezclada con ajenjo como incienso durante la adivinación y se puede tomar una taza de té de artemisa antes de la sesión para reforzar los poderes psíquicos. El aceite de artemisa se usa también para este fin. Ponga 2 cucharaditas de artemisa en 250 ml de aceite portador, por ejemplo de jojoba, y resérvelo como mínimo un mes; luego, frótese con él la zona del tercer ojo. Puede preparar una infusión de artemisa y ajenjo (*véase* pág. 14) para limpiar instrumentos adivinatorios como péndulos y bolas de cristal y reforzar así su energía psíquica. La artemisa es también un ingrediente clave del ungüento volador y tiene auténticos efectos psicoactivos ingerida o aplicada sobre la piel, así que utilícela con precaución. Las brujas de siglos pasados utilizaban aceites voladores. Los registros de juicios por brujería muestran que en 1477, una bruja llamada Antoine Rose (conocida también como la bruja de Savoy) usó un aceite volador para frotar una especie de vara de 46 cm que le había entregado el diablo y que ella utilizaba para volar cuando iba al aquelarre.

Una receta para un ungüento volador incluye 2 cucharaditas de artemisa, 2 de romero, hojas de laurel y damiana, y 1 cucharadita de ajenjo. Ponga estos ingredientes en 350 ml de algún aceite portador, como el de almendra o jojoba, y déjelo reposar de 4 a 5 semanas. Pasado este tiempo, escurra y descarte las hierbas y ponga el aceite al baño maría a fuego lento. Añada 45 g de cera de abeja y remueva hasta que esta se haya fundido. Vierta la mezcla aún caliente en un frasco hermético y espere a que endurezca. Aplique el ungüento en su tercer ojo, en las muñecas y en los puntos de los chakras unos 30 minutos antes de acostarse para propiciar los sueños lúcidos.

El té de artemisa fomenta los sueños lúcidos y proféticos. Antes de acostarse, tómese una taza de té preparado con 1 parte de artemisa, 2 partes de melisa, 2 partes de tila y 1 parte de lavanda; déjelo reposar 15 minutos antes de beberlo. Mientras reposa, aspire su aromático vapor para fomentar los sueños lúcidos. Se cree que dormir sobre un lecho de artemisa evita las pesadillas.

PROPIEDADES MEDICINALES

La artemisa se asocia con la salud femenina, y tomada en pequeñas dosis, como tintura o té, puede causar contracciones suaves del útero que propician una regla normal y regulan el flujo menstrual. Asimismo, se emplea para inducir el parto, motivo por el cual quienes desean concebir, están embarazadas o son madres lactantes, no deberían utilizar artemisa en ninguna de sus formas.

La artemisa posee propiedades antibacterianas y antifúngicas. Aplicar un aceite a una herida (preparado con artemisa fresca dejada en reposo en un aceite portador de 4 a 6 semanas) ayudará a combatir las bacterias y la infección. La artemisa es uno de los ingredientes del conjuro de las nueve hierbas (*véase* pág. 106), que el registro histórico describe por su capacidad de combatir los venenos.

Como antiinflamatorio que es, la artemisa, en forma de pomada o emplasto, sirve para tratar el dolor de articulaciones y la inflamación (*véanse* págs. 22 y 28). Se puede usar como digestivo para tratar el estreñimiento, la hinchazón abdominal y la diarrea; prepare un té con las flores de la artemisa y tómelo antes o después de las comidas.

DESCARGO DE RESPONSABILIDAD:
No utilice artemisa si está intentando concebir. Tampoco durante el embarazo o la lactancia.

ELEMENTO
Tierra

PLANETA
Venus

ARTEMISA
Artemisia vulgaris

PROPIEDADES MÁGICAS

- Refuerza las capacidades psíquicas
- Fomenta los sueños lúcidos y proféticos
- Destierra las pesadillas
- Protege

PROPIEDADES MEDICINALES

- Propicia una menstruación regular
- Induce el parto
- Combate los venenos
- Reduce las cicatrices
- Trata el dolor de las articulaciones
- Combate el estreñimiento
- Alivia la hinchazón abdominal y la diarrea
- Combate el insomnio
- Reduce la ansiedad

NOMBRES POPULARES Absintio, altamisa, Artemisa, artemega, ajenjo, ceñidor, yuyo cristantemo, hierba de san Juan

VERBASCO
Verbascum thapsus

FOLCLORE

El verbasco o gordolobo presenta unas hojas peludas y aterciopeladas, más grandes y vellosas en la base que en la punta. En la parte superior tiene unas flores amarillas, densamente apretadas, con cinco pétalos por flor. Autóctono de Europa y Asia, el verbasco se considera una mala hierba y suele encontrarse en terrenos baldíos, campos y márgenes de caminos.

Según el antiguo folclore griego, los dioses entregaron a Ulises un tallo de verbasco para defenderse contra Circe, diosa de la brujería e hija del dios solar Helios. Durante el periodo medieval, se creía que el verbasco protegía contra los demonios y la magia negra. Se creía también que la Virgen María recorría la tierra durante la época de la cosecha para bendecir el verbasco; por ello, en inglés se lo conocía con el nombre de «vela de Nuestra Señora». Una rima popular de la época decía: «*Nuestra amada Señora recorre la tierra con un tallo de verbasco en la mano*».

Los antiguos griegos y romanos, debido a la altura que alcanzaba la planta de verbasco madura, la empleaban como fuente de luz. Los romanos sumergían el verbasco en sebo y le prendían fuego para usarlo como antorcha, en especial en las procesiones funerarias; es por ello que el verbasco se suele asociar con la muerte. Los griegos también lo empleaban para tener luz: hacían mechas con las hojas y les prendían fuego.

El verbasco o gordolobo era conocido en tiempos de los romanos como remedio contra las dolencias respiratorias. Lo preparaban en forma de infusión o decocción con las hojas y era apta para humanos y animales. Los granjeros se lo daban al ganado para curar las infecciones pulmonares. En Francia, durante la Edad Media, los agricultores pasaban ramitos de verbasco por encima de la hoguera ritual de san Juan para proteger a su ganado contra la brujería.

PROPIEDADES MÁGICAS

El verbasco se asocia con la protección y el destierro de la energía negativa. Puede usar el humo para limpiar su altar o el espacio donde realiza sus hechizos y rituales, y así eliminar cualquier energía negativa o no deseada que pudiera interferir con su magia. Ponga hojas

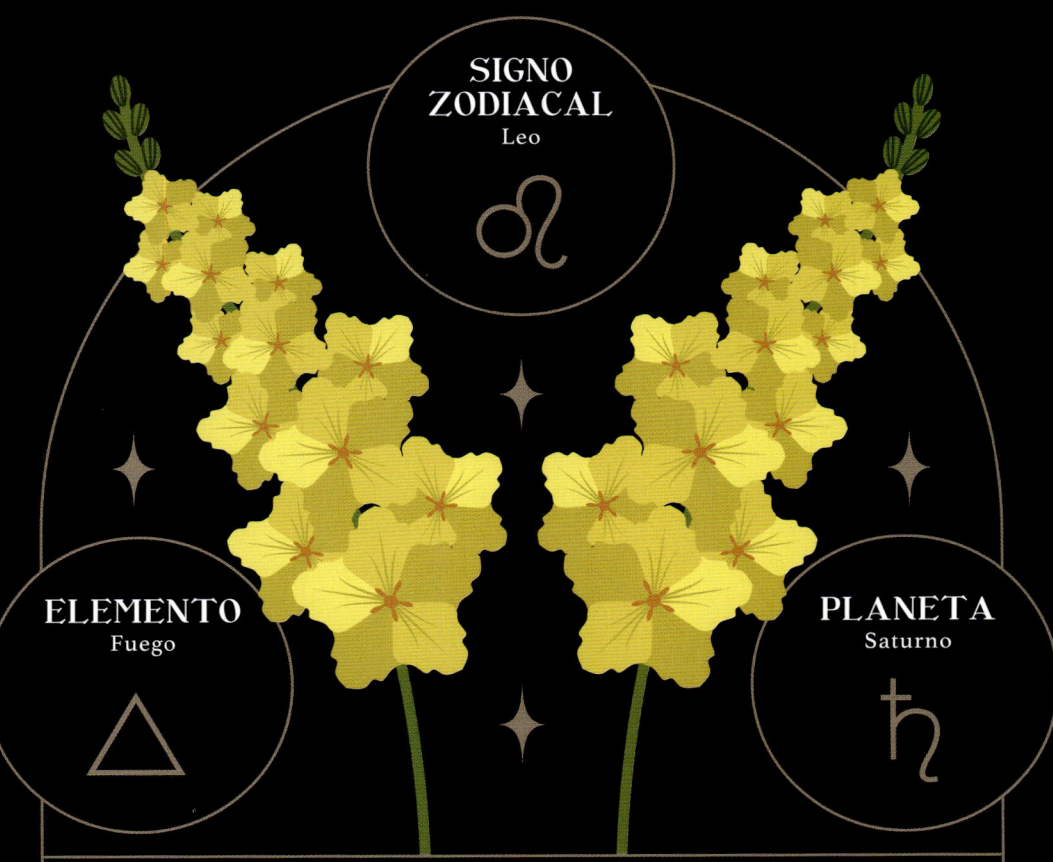

SIGNO ZODIACAL
Leo

ELEMENTO
Fuego

PLANETA
Saturno

VERBASCO
Verbascum thapsus

PROPIEDADES MÁGICAS

- Destierra la energía negativa
- Protege contra las pesadillas
- Fomenta el valor
- Atrae el amor del sexo contrario
- Trae iluminación
- Favorece la comprensión de las cosas

PROPIEDADES MEDICINALES

- Alivia el eczema
- Mejora la salud del aparato respiratorio
- Trata la tos, el resfriado y la gripe
- Alivia las quemaduras

NOMBRES POPULARES Gordolobo, lobito, manzanilla del campo, candela regia, orejas de lobo, guardalobo, hopo de zorra, engordalobo, friegaplatos

de verbasco en una bolsita y cuélguela en el exterior de la casa para que no entre en ella ninguna energía negativa. Unas hojas de verbasco debajo de la almohada le protegerán contra las pesadillas.

En términos mágicos, el verbasco se asocia con el valor y se puede utilizar de diversas formas. Tomar un té preparado con las flores y las hojas le infundirá valor cuando lo necesite. También puede llevar las flores como amuleto, o ponerlas en el zapato para la protección personal y para aumentar el valor al enfrentarse a una situación difícil.

El verbasco atrae el amor del sexo opuesto y tiene una historia de uso en la magia amorosa masculina. Se puede llevar en una bolsita para atraer el amor de otra persona. Quemar velas de verbasco ayuda a atraer la iluminación y a aumentar la comprensión de un tema; también se quema como parte de ritos funerarios y para recordar a los difuntos. Para preparar una vela de verbasco, sumerja por entero un tallo de verbasco seco en cera de vela, 5 o 6 veces, dejando que cada vez se enfríe la cera antes de aplicar la siguiente capa. Una vez se hayan añadido todas las capas y estas se hayan endurecido, pellizce un poquito de cera del extremo para hacer una mecha antes de encenderla. Por su asociación con la muerte, el verbasco puede sustituir la tierra de cementerio que se utiliza en la magia popular para las maldiciones y los trabajos de necromancia.

PROPIEDADES MEDICINALES

El verbasco puede usarse para tratar la piel y aliviar afecciones como el eczema. Prepare un aceite, caliéntelo y aplíquelo directamente sobre la zona afectada. Ponga un aceite portador —como el de almendra o semilla de uva— al baño maría con unas hojas y flores de verbasco y caliéntelo a fuego lento durante 3 o 4 horas. A continuación, retire la materia vegetal (colando el líquido) y el aceite estará listo para su uso. Gracias a las propiedades antiinflamatorias del verbasco, este aceite será ideal para aplicarlo en los músculos y articulaciones inflamados; enseguida notará que el dolor disminuye.

El verbasco se usa popularmente para mejorar la salud del sistema respiratorio; es un buen expectorante y alivia los síntomas de la tos, la bronquitis, el resfriado y la gripe. Ponga las hojas y las flores en un cuenco de agua caliente, inclínese sobre él, con la cabeza cubierta con una toalla, e inhale el vapor. Prepare un té con las hojas dejándolas reposar en agua caliente de 15 a 20 minutos antes de beberlo. Tómelo 2 o 3 veces al día.

Asimismo, el verbasco posee propiedades antivíricas y antibacterianas. Déjelo reposar en agua 3 o 4 horas y utilice el agua para desinfectar heridas; también alivia las quemaduras. Para tratar los virus, prepare un jarabe con flores y hojas de verbasco (*véase* pág. 27). Tómelo de 3 a 4 veces al día mientras persista la infección vírica.

ORTIGA
Urtica dioica

FOLCLORE

Considerada una mala hierba, la ortiga se encuentra en todo el mundo, en especial en Europa, norte de África y Norteamérica. Las hojas son dentadas, ahusadas en los extremos, y, al igual que el tallo, están recubiertas de miles de diminutas vellosidades. Estas contienen ácido fórmico, que es lo que causa el dolor tras entrar en contacto con la planta. Producen flores pequeñas verdes, blancas y lilas, agrupadas entre la hoja y el tallo y apuntando hacia arriba.

Según el folclore celta, las agrupaciones de ortigas indican que las hadas habitan por allí cerca. Se creía que la picadura de una ortiga protegía contra las travesuras de las hadas y de la magia negra. En el folclore escandinavo, las ortigas se asociaban con Thor y Loki; se creía que Loki había tejido una red de pesca con hilo de ortiga para atrapar salmones. La ortiga es uno de los componentes del «conjuro de las nueve hierbas», un remedio contra la infección y el veneno (*véase* pág. 106).

Las ortigas desempeñan un papel importante en el folclore rumano. Se la asocia con Marte, el dios de la guerra, y se empleaba por sus cualidades protectoras. Se tomaba como parte de una comida sagrada en épocas especiales del año, como la primavera y la Semana Santa. Las muchachas jóvenes recogían ortigas a primera hora de la mañana del 1 de mayo (Beltane). Luego, las hervían y usaban el agua resultante para enjuagarse el cabello y así fortalecerlo.

Los anglosajones la consideraban una hierba sagrada y bebían cerveza de ortiga para aliviar el reumatismo. Los indígenas americanos también creían que la ortiga aliviaba el dolor de las articulaciones; se usaba picada como parte de un ritual ceremonial para aliviar el dolor. Los antiguos romanos la utilizaban para el dolor; los soldados llevaban encima hojas de ortiga para aliviar el dolor de piernas tras una larga marcha.

PROPIEDADES MÁGICAS

Por su aspecto imponente y su propiedad urticante, la ortiga se utiliza como protección. Se puede llevar en una bolsita o como amuleto de protección personal, también se puede esparcir por la casa para ahuyentar el mal o quemarla como incienso protector. Asimismo, la ortigas se

SIGNO ZODIACAL
Aries

ELEMENTO
Fuego

PLANETA
Marte

ORTIGA
Urtica dioica

PROPIEDADES MÁGICAS

- Protege
- Elimina maleficios y maldiciones
- Protege contra el mal
- Fomenta el bienestar
- Incrementa la fuerza y el valor
- Purifica

PROPIEDADES MEDICINALES

- Trata el dolor lumbar
- Alivia las articulaciones artríticas
- Trata el eczema y el acné
- Regula el equilibrio hormonal
- Alivia los dolores menstruales
  y las hemorragias intensas
- Trata las infecciones del tracto urinario

NOMBRES POPULARES Ortiga mayor, pringamosa

utilizan para eliminar maleficios o protegerse contra ellos; si cree que le han lanzado un maleficio, lleve encima un muñequito relleno de hojas de ortiga hasta que el maleficio se rompa. Además, puede utilizar la ortiga para devolvérselo a quien lo lanzó, por lo que es una hierba excelente para un hechizo de reenvío.

La ortiga se asocia con la fuerza. Prepare una tintura de ortiga y tome de 20 a 50 gotas diarias para tener más fuerza (*véase* pág. 20). Para un hechizo sencillo, pase una vela roja por ortiga seca y déjela arder para incrementar la fuerza y el valor. Una vez consumida la vela, entierre los restos en su propiedad para que la corriente de fuerza siga fluyendo hacia usted.

La ortiga limpia y purifica, y es una hierba excelente para quemar antes de un hechizo o ritual y así purificar el espacio de trabajo. Aproveche estas cualidades tomando un té 3 veces al día, preparado con unas 6-8 hojas de ortiga. Esto no solo purificará su energía, sino que también ayudará a limpiar el cuerpo, devolviéndole el equilibrio y la sensación de bienestar.

PROPIEDADES MEDICINALES

La ortiga posee propiedades antiinflamatorias y se emplea para tratar el dolor de la zona lumbar y la artritis. Para preparar un bálsamo con este fin, vierta 2 cucharadas de hojas de ortiga secas y 2 cucharadas de semillas de ortiga verde en 175 ml de aceite de almendras y déjelo en un lugar soleado durante 3 semanas. Al cabo de este tiempo, ponga el aceite colado al baño maría y añada 20 g de cera de abeja, removiendo hasta que se derrita. Vierta la mezcla en un tarro y espere a que se endurezca. Apliquese el bálsamo en la parte inferior de la espalda y las articulaciones artríticas para ayudar a aliviar el dolor y la inflamación. Gracias a sus propiedades antiinflamatorias y antimicrobianas, lavarse la cara diariamente con una infusión de ortigas es un eficaz tratamiento contra el eczema y el acné (*véase* pág. 14).

La ortiga se utiliza para aliviar los problemas menstruales. Prepare un té o una sopa de ortigas y tómelo unos días antes de que empiece a menstruar y durante el tiempo que dure el periodo, ya que regula el desequilibrio hormonal, reduciendo los síntomas de la tensión premenstrual y ayudando a aliviar los dolores menstruales y el sangrado. Tomar un té de ortiga alivia las infecciones del tracto urinario, ya que posee la capacidad de eliminar las bacterias nocivas. Tome 3 tazas de té al día.

Esta planta es excelente para el tiempo de convalecencia de cualquier enfermedad. Se puede quemar como incienso en la habitación donde la persona convalece, para purificar el cuerpo y propiciar la curación; ponga un tarro con ortiga fresca al lado de la cama de la persona enferma para ayudar a que se recupere.

ORÉGANO
Origanum vulgare

FOLCLORE

Miembro de la familia de la menta, el orégano es un pequeño arbusto perenne de hojas ovaladas. Las hojas y el tallo están recubiertos de pequeñas vellosidades y sus flores son pequeñas y de color blanco, rosa o lila. Es autóctono de los países mediterráneos y de Asia occidental, pero actualmente se encuentra también en partes de México y Norteamérica.

Los antiguos romanos creían que fue Venus, diosa del amor, quien creó el orégano para que los humanos recordaran siempre su belleza a través de la fragancia. En la antigua Grecia, era sagrado para su diosa del amor, Afrodita. Orégano en griego significa «alegría del monte», porque se decía que Afrodita lo cultivaba en el monte Olimpo como símbolo del amor y la alegría. Por estas asociaciones, los griegos cultivaban orégano en las tumbas de sus seres queridos para simbolizar su felicidad en el más allá. El orégano se utiliza en Samhain para garantizar la felicidad de los seres queridos que han fallecido.

Se trata de una hierba habitual en hechizos amorosos de todo tipo. Según el folclore europeo, una mujer soltera ponía orégano debajo de la almohada al acostarse para soñar con su futuro marido. El día de san Lucas se mezclaba orégano con vinagre, miel, tomillo, ajenjo y caléndula para ungir a una muchacha antes de que se acostara, para que viera en sueños a su futuro esposo. Los griegos y los romanos coronaban a las parejas casadas con guirnaldas de orégano para garantizar un matrimonio feliz.

El filósofo griego Aristóteles consideraba que el orégano era un antídoto contra el veneno. Creía que si una persona lo ingería estaría protegida contra los intentos de envenenamiento. Esta creencia perduró en toda Europa durante la Edad Media, y los reyes tomaban diariamente orégano con su comida para estar protegidos contra cualquier intento de ser envenenados.

PROPIEDADES MÁGICAS

El orégano se asocia con el amor. Puede atraer un nuevo amor aplicándose aceite de orégano en los puntos del pulso o en el cabello, o lleván-dolo encima en una bolsita para que desprenda su dulce fragancia. Ponga orégano debajo de la almohada para tener sueños psíquicos,

SIGNO ZODIACAL
Tauro y Libra

♉ ♎

ELEMENTO
Aire

PLANETA
Mercurio

☿

ORÉGANO
Origanum vulgare

PROPIEDADES MÁGICAS

- Atrae el amor
- Fomenta los sueños psíquicos
- Intensifica el amor ya existente
- Trae la felicidad
- Aumenta el valor
- Ayuda a soltar asuntos acabados

PROPIEDADES MEDICINALES

- Ralentiza el proceso de envejecimiento
- Reduce la inflamación
- Alivia el dolor
- Desinfecta las heridas

NOMBRES POPULARES Orenga, mejorana silvestre, furiégano, oreganín, urégano, perigüel

en especial sobre su futuro amante. Antes de acostarse, «vista» una vela violeta con orégano, ajenjo y tomillo y quémela en su dormitorio (pero no se duerma nunca dejando una vela encendida), concentrándose en la llama. Cuando crea que es suficiente, apague la vela y duérmase. Enciéndala de nuevo cada vez que quiera inducir sueños psíquicos.

El orégano intensifica el amor ya existente. Ponga 2 cucharaditas de orégano en 250 ml de vino tinto o blanco, déjelo reposar de 2 a 3 horas y compártalo con su pareja. El orégano trae felicidad. Llene bolsitas o boles con él y repártalos por toda la casa, o bien quémelo como incienso para crear un entorno doméstico feliz. Cultívelo cerca de la puerta de entrada para garantizar que todo aquel que cruce el umbral huela su dulce aroma y lleve la felicidad a su hogar.

El orégano se asocia con el valor y con el dejar ir las cosas. Prepare un baño caliente y añada hojas de orégano seco o fresco al agua; tome un baño ritual para que le infunda valor cuando tenga que enfrentarse a algún desafío. Esto le ayudará a soltar las cosas que ya no son de ninguna utilidad en su vida.

PROPIEDADES MEDICINALES

El orégano está repleto de antioxidantes, que protegen el cuerpo contra los radicales libres que desempeñan un papel importante en el proceso de envejecimiento y causan ciertos tipos de cáncer.

El orégano reduce la inflamación. Diluya una mezcla de 4 cucharaditas de orégano seco y 4 cucharaditas de tomillo seco en 200 ml de aceite portador, como el de jojoba o semilla de uva, y aplíquelo en la zona afectada. Para este fin, el aceite tiene que ser muy concentrado, así que vierta las hierbas en aceite en un frasco hermético y resérvelo 4 semanas. Transcurrido este tiempo, escurra la materia vegetal, añada más orégano y tomillo y espere otras 4 semanas. A continuación, repita el proceso y al cabo de un mes escurra las hierbas con un colador o estopilla. El aceite estará listo para ser usado.

El orégano posee asimismo importantes propiedades antibacterianas que ayudan a bloquear el crecimiento de ciertas bacterias que provocan infecciones. Aplique un cataplasma de orégano, tomillo y salvia sobre las heridas para mantenerlas limpias y evitar que se infecten (*véase* pág. 28). Prepare con esta mezcla de hierbas una infusión y lávese con ella las heridas para que no se infecten (*véase* pág. 14).

PEREJIL
Petroselinum crispum

FOLCLORE

Una hierba de la familia de las zanahorias, el perejil es autóctono del Mediterráneo. Es una planta aromática de tallos verdes huecos y de hojas verde oscuro y rizadas. En su segundo año produce pequeñas flores amarillas. Según la variedad, alcanza entre 30 y 100 cm de altura.

Los antiguos griegos asociaban el perejil con la muerte y creían que estaba formado por la sangre de Arquemor, cuyo nombre en griego significaba «el precursor de la muerte». Cuando alguien estaba gravemente enfermo, se decía que «necesitaba perejil», lo que significaba que no se esperaba que sobreviviera. Colocaban perejil en las tumbas, creyendo que mitigaría el olor del cadáver en descomposición.

Se cree que los romanos fueron los primeros en utilizar el perejil como aderezo, para refrescar el aliento después de comer y proteger la comida contra la contaminación. Lo consumían en grandes cantidades, porque también creían que les protegería contra la embriaguez.

En la Europa medieval, el perejil se consideraba la hierba del diablo, por lo que para contrarrestar esta asociación solo las mujeres podían plantar perejil. Si plantaban las semillas cuando tocaban las campanas de la iglesia, el poder de Dios sobre el diablo hacía la hierba más fuerte. Se pensaba que si las semillas no germinaban, era porque el poder del diablo seguía presente o porque habían sido plantadas por un hombre.

PROPIEDADES MÁGICAS

La conexión popular del perejil con la muerte lo convierte en una hierba poderosa para la comunicación con el mundo de los espíritus. Propicia la capacidad de comunicarse con los muertos y se puede utilizar en rituales en honor a los difuntos y para conectar con los antepasados. Utilice perejil fresco para decorar su altar

de Samhain o queme perejil seco con artemisa y milenrama como incienso cuando realice un trabajo con los espíritus.

Siglos atrás, era peligroso comunicarse con los espíritus, porque se consideraba un acto diabólico. El juicio por brujería celebrado en 1662 en Crook of Devon (Escocia), es un ejemplo en el que 13 brujas, entre ellas Agnes Murie, Bessie Henderson y Anges Pittendreich fueron ejecutadas por esta práctica espiritual.

El perejil se asocia con la protección y mantiene alejadas a las entidades negativas. Guarde algunas semillas de perejil en su altar para protegerlo de las energías negativas o póngalas cerca de puertas y ventanas para evitar que entre en su espacio cualquier forma de negatividad. Prepare un aceite de perejil: deje semillas y hojas en un aceite portador —puede ser de almendra o semilla de uva— durante un mes. Lo podrá utilizar para untarse el cuerpo, el altar

y las puertas de su casa y, de esta manera, crear un escudo contra las influencias nocivas.

El perejil es conocido por su asociación con el amor, la pasión y el deseo sexual, y está vinculado con la fertilidad. Puede llevar perejil como amuleto para atraer el amor, pero asegúrese de que toca la piel. Llevar semillas de perejil en una bolsita aumenta la fertilidad, no solo en el sentido de concebir, sino expresada como nuevos inicios, ideas y oportunidades. Para intensificar el amor que existe entre su pareja y usted, masquen perejil a la misma vez o compartan una bebida o alimento enriquecido con la planta.

PROPIEDADES MEDICINALES

El perejil es rico en vitamina K, esencial para la salud de los huesos. Consumir perejil de forma regular, en pequeñas dosis, ayuda con el crecimiento de los huesos. Ingerir 10 ramitas pequeñas de perejil al día le aportará la cantidad recomendada de vitamina K, ideal para la densidad ósea y para reducir el riesgo de fracturas.

El perejil es un diurético natural y favorece la salud del riñón, aunque si ha tenido problemas renales antes, no debería tomarlo en grandes cantidades. Ingerido como un té dos veces al día, el perejil mantendrá los riñones sanos y eliminará cualquier sustancia no deseada del cuerpo, evitando de este modo la formación de cálculos.

Esta hierba también es rica en carotenoides y vitamina A, necesarios para evitar enfermedades de los ojos y la degeneración ocular debida al envejecimiento. Media taza de perejil cada día le dará los suficientes carotenoides esenciales y vitaminas para mantener una buena salud ocular. Esta cantidad de perejil puede añadirla a los alimentos o tomarla en forma de tintura, té o jarabe.

Asimismo, es una hierba purificadora. Queme perejil seco con agujas de pino secas, salvia común y virutas de palo santo ecológicas, y fumigue con el humo todas las esquinas de la casa.

DESCARGO DE RESPONSABILIDAD:
Las personas con problemas renales, las que toman anticoagulantes o las mujeres embarazadas o lactantes, no deberían consumir perejil en grandes cantidades.

SIGNO ZODIACAL
Virgo, Cáncer y Libra

♍ ♋ ♎

ELEMENTO
Aire

PLANETA
Mercurio

☿

PEREJIL
Petroselinum crispum

PROPIEDADES MÁGICAS

- Propicia la comunicación con el mundo de los espíritus
- Honra a los difuntos
- Protege
- Aleja a las entidades negativas
- Aumenta la fuerza, el amor, la pasión, el deseo sexual y la fertilidad

PROPIEDADES MEDICINALES

- Fomenta la salud de los huesos
- Protege contra la osteoporosis
- Mantiene sanos los riñones
- Evita los cálculos renales
- Elimina las infecciones del tracto urinario
- Reduce la hinchazón y la retención de líquidos
- Evita las enfermedades de los ojos

NOMBRES POPULARES Apio de piedras, ligustico peregrino, peregil, perexil, petroselino

MENTA PIPERITA
Mentha piperita

FOLCLORE

La menta piperita es una hierba aromática de sabor característico muy presente en alimentos, chicles, pastas de dientes y productos cosméticos. Autóctona de Europa y Oriente Medio, actualmente crece en todo el mundo y es un cruce entre la hierbabuena y la menta acuática. Las hojas de la menta piperita, de bordes dentados, son de color verde oscuro, veteadas y de forma oblonga, y sus delicadas flores lila florecen durante todo el verano.

La menta piperita se utiliza desde hace milenios. Unos textos del antiguo Egipto hablan sobre su capacidad de aliviar dolencias estomacales y, en el año 1550 a. e. c., el «Papiro Ebers» describe las propiedades de esta hierba para aliviar dolencias digestivas y tratar la flatulencia.

Existe incluso evidencia arqueológica de que se encontraron hojas de menta en las pirámides de Giza. Los antiguos griegos y romanos también la utilizaban para aliviar problemas estomacales.

Los antiguos egipcios consideraban muy valioso el aceite que extraían de las hojas de esta hierba, e incluso lo empleaban como moneda de cambio. En el evangelio de san Lucas se hace mención al uso de menta piperita como forma de pagar impuestos.

La variedad piperita comparte el mismo folclore que la menta en la antigua Grecia: Perséfone, esposa de Hades, convirtió a la ninfa Mente, que había seducido a su marido, en una planta de menta como castigo, para que todo el mundo la pisoteara.

PROPIEDADES MÁGICAS

La menta piperita posee numerosas propiedades mágicas. Se asocia con la prosperidad y es capaz de atraer el dinero. Lleve encima una bolsita llena de esta hierba para atraer la riqueza. Para un ritual sencillo, recubra una vela verde con menta piperita y alhabaca seca y enciéndala para atraer la prosperidad y el dinero.

Guarde una hoja de menta piperita en su cartera para que el dinero fluya hacia usted. Se asocia también con la buena suerte. Aplíquese un poco de aceite de menta detrás de las orejas, o en las etiquetas de la ropa, si se encuentra en una situación en la que necesita tener buena suerte para seguir adelante.

SIGNO ZODIACAL
Géminis y Aries

♊ ♈

ELEMENTO
Fuego

△

PLANETA
Mercurio

☿

MENTA PIPERITA
Mentha piperita

PROPIEDADES MÁGICAS

- Atrae la prosperidad
- Atrae el dinero y la riqueza
- Trae buena suerte
- Limpia y purifica
- Propicia el sueño reparador
- Despierta el tercer ojo
- Aporta claridad mental
- Atrae el amor
- Suscita pasión
- Aumenta el vigor sexual

PROPIEDADES MEDICINALES

- Alivia el dolor de estómago
- Trata el síndrome de colon irritable
- Alivia las dolencias digestivas
- Reduce la hinchazón abdominal
- Alivia el dolor de cabeza causado
  por la tensión
- Alivia el dolor
- Mitiga la migraña

NOMBRES POPULARES Piperita, menta negra, toronjil de menta

La menta piperita posee cualidades limpiadoras y purificadoras. Prepare un atado con ramitas (tallos y hojas) de menta piperita y quémelo para alejar cualquier energía negativa, o déjelo en remojo en agua caliente y, al cabo de un rato, use esta para fregar el suelo de casa. Prepare un té con un puñado de hojas frescas y tómelo 3 veces al día para desintoxicar el cuerpo; ingerido antes de acostarse favorece el sueño reparador y despierta el tercer ojo. Puede producir sueños proféticos, por lo que es excelente para tomar durante una sesión de adivinación porque refuerza la intuición.

Asociada con la claridad, la menta piperita despeja la mente. Lleve una bolsita con menta piperita y romero en situaciones en que se requiera tener la mente clara. Estas hierbas también se pueden quemar como incienso, tomar como un té o convertirlas en aceite, que deberá ser quemado en un quemador, para despejar la mente y ver las cosas tal como son.

Es una hierba popular para los hechizos de amor que suscita pasión. Si está buscando el amor, lleve encima una bolsita de menta piperita para atraerlo. Masque sus hojas frescas si desea aumentar el vigor sexual.

PROPIEDADES MEDICINALES

La menta piperita es útil para una variedad de dolencias. Alivia los problemas digestivos, las náuseas y los calambres, y puede incluso aliviar las dolencias del estómago y el síndrome de colon irritable, ya que relaja el intestino. Prepare un té con 2 cucharaditas de menta piperita en 235 ml de agua y déjelo reposar de 15 a 20 minutos. Tómelo después de las comidas para evitar la hinchazón y cualquier problema o dolencia digestiva. Asimismo, sirve también para mitigar el dolor de cabeza provocado por la tensión. Con este fin, tome el té dos veces al día mientras persista el dolor de cabeza. Prepare una tintura con menta piperita fresca: póngala en un tarro hermético, hasta los ¾ de altura, y añada vodka de 40° hasta que la hierba esté recubierta del todo. Déjelo en un lugar oscuro y fresco unas 6 semanas, y no olvide agitar el frasco diaria-

mente. Al cabo de este tiempo, estará lista para usar. Tome de 20 a 50 gotas de tintura al día en tres dosis separadas.

La menta piperita alivia el dolor. Para este fin, prepare un aceite con hojas frescas y un aceite portador, como el de jojoba o el de semilla de uva. Mézclelo en un frasco hermético y déjelo reposar de 4 a 6 semanas; agítelo diariamente. Aplique el aceite sobre la zona afectada para reducir la sensibilidad al dolor. Oler una botellita de aceite esencial de menta piperita alivia la migraña, así como la mezcla de 10 gotas de aceite esencial con 250 ml de aceite portador, como de girasol o de jojoba, frotada en las sienes.

ROMERO
Salvia rosmarinus
(antes *Rosmarinus officinalis*)

FOLCLORE

Miembro de la familia de la menta, el romero es autóctono del Mediterráneo, aunque hoy día se cultiva en toda Europa. Sus hojas son como agujas cuya parte superior es de color verde oscuro, mientras que el envés es gris plateado. El romero es una planta muy aromática. Las plantas maduras presentan flores lilas y azuladas que crecen en la punta de los tallos.

Los antiguos egipcios empleaban romero en los rituales funerarios; los arqueólogos han hallado ramitas de romero en tumbas que datan del año 3000 a. e. c. Los antiguos griegos creían que fortalecía la memoria, y es por ello que los estudiantes solían llevarlo en la cabeza durante los exámenes. Hallamos esta asociación entre el romero y la memoria unos siglos después en el *Hamlet* de Shakespeare, cuando Ofelia afirma:

«Traigo romero, que es para los recuerdos». El romero era considerado un símbolo de amor y fidelidad. En la Inglaterra Tudor, la cuarta esposa del rey Enrique VIII, Anne de Cleves, llevó romero en el pelo el día de su boda, y esta tradición perduró a lo largo de la era victoriana, en que las novias añadían romero a su ramo. Esto era una referencia a los buenos recuerdos que aportaban al matrimonio y a los que la pareja iría creando en su nueva vida.

El color de las flores del romero se asoció con la Virgen María. El folclore dice que cuando María, José y Jesús huyeron a Egipto, María dejó a secar su manto sobre un arbusto de romero y las flores tomaron su color. Desde entonces, la hierba se conoció en inglés como *rosemary* o «la rosa de María».

PROPIEDADES MÁGICAS

El romero se utilizó en el siglo IV para alejar la peste negra y, actualmente, se sigue conociendo por sus propiedades limpiadoras y purificadoras. Prepare un atado con romero seco y quémelo para purificar con el humo cualquier energía negativa o no deseada. Con el mismo fin, se pueden quemar las agujas secas sobre un carboncillo o se añaden a un baño ritual. El romero es conocido por su capacidad de reforzar la memoria; oler la fragancia de una botellita de aceite esencial cuando se está estudiando o leyendo ayuda a retener la información. Para un mejor resultado, queme el aceite esencial de romero en un quemador y tome té de romero cuando realice cualquier tarea que requiera aumentar su capacidad de memorizar.

El romero mantiene alejados a los malos espíritus. Cuelgue ramitas de romero seco en su casa para evitar que entren energías no deseadas, o lleve encima una bolsita con romero como protección personal.

Esta planta se usa también en hechizos y rituales de amor. Para atraer el amor romántico, llene un saquito en forma de corazón con romero y llévelo encima para que transmita energías al universo sobre el amor que desea atraer.

El romero ayuda a combatir los celos. Sostenga una ramita de la hierba seca en la mano y visualice que su energía de celos pasa al romero. Cuando sienta que es el momento, prenda fuego a la hierba y visualice cómo los celos se diluyen y desaparecen a medida que arde. Cuando se haya consumido, recoja la ceniza y arrójela a los cuatro vientos para que se aleje de usted.

PROPIEDADES MEDICINALES

El romero se utiliza para tratar dolencias del sistema digestivo, como el ardor de estómago y la indigestión. Mezcle unas gotas de aceite esencial de romero con un aceite portador, sea de girasol o de semilla de uva, y masajee el estómago cuando experimente cualquier tipo de problema digestivo. Tomar un té de romero antes de las comidas estimula el apetito, contrarresta la pérdida de apetito y reduce los problemas gástricos.

Gracias a sus propiedades antibacterianas, el romero combate una serie de infecciones bacterianas. Prepare un té con hojas de romero y déjelo reposar 15 minutos. Una vez enfriado, utilícelo para lavar las heridas infectadas; hágalo 3 veces al día, hasta que desaparezca la infección. Esta tisana sirve asimismo para limpiar cortes y arañazos y evitar que se infecten.

El romero se emplea para tratar la inflamación. Prepare un aceite para masaje con 6 gotas de aceite esencial de romero mezclado con 1 cucharada de aceite portador, como el de jojoba o el de semilla de uva, y aplíquelo en las zonas afectadas, como músculos, articulaciones y torceduras. Es también un tratamiento eficaz para la artritis y el dolor de cabeza. Para un tratamiento de cuerpo entero, ponga 6 o 7 gotas de aceite esencial de romero en el agua caliente del baño y permanezca en la bañera un mínimo de 20 minutos.

DESCARGO DE RESPONSABILIDAD:
Evite el uso del romero durante el embarazo, salvo si la usa como especia culinaria.

SIGNO ZODIACAL
Leo y Aries

ELEMENTO
Fuego

PLANETA
El Sol

ROMERO
Salvia rosmarinus (antes *Rosmarinus officinalis*)

PROPIEDADES MÁGICAS

- Limpia y purifica
- Refuerza la memoria
- Aumenta la capacidad de retener información
- Protege
- Mantiene alejados a los malos espíritus
- Atrae el amor romántico
- Elimina los celos

PROPIEDADES MEDICINALES

- Alivia el ardor de estómago
- Facilita la digestión
- Estimula el apetito
- Alivia los problemas gástricos
- Trata las torceduras
- Alivia el dolor artrítico
- Alivia el dolor de cabeza

NOMBRES POPULARES
Rosmarino, romero común, romero fino, romero de huerta, rosa de mar, rosmarino, rumaní

SIGNO ZODIACAL
Aries y Capricornio

ELEMENTO
Agua

PLANETA
Venus

TOMILLO
Thymus vulgaris

PROPIEDADES MÁGICAS

- Limpia y purifica
- Elimina la energía emocional negativa
- Da valentía
- Da confianza en uno mismo
- Fomenta el valor
- Evita las pesadillas
- Ayuda con el trabajo con espíritus y antepasados

PROPIEDADES MEDICINALES

- Desinfecta
- Purifica el aire de contaminantes
- Trata la tos
- Refuerza el sistema inmunitario
- Regula el estado de ánimo

NOMBRES POPULARES Boja, estremoncello, estremoncillo, thymo timoncillo, tumillo

TOMILLO
Thymus vulgaris

FOLCLORE

Miembro de la familia de la menta, el tomillo es una hierba aromática autóctona de Eurasia. Sus hojas son pequeñas y ovaladas, de un verde grisáceo, y crecen en los tallos leñosos; cuando la planta madura, se cubre de diminutas flores lilas y blancas todo el verano.

Se cree que el nombre de tomillo se deriva del griego *thumos*, que significa «humo», porque los antiguos griegos lo usaban para fumigar y purificar con ello los espacios. La palabra *thumos* puede significar también valentía, porque se consideraba que el tomillo simbolizaba el valor. Lo llevaban los soldados antes de entrar en batalla para tener fuerza y valentía. Esta asociación se diseminó por toda Europa durante la Edad Media; las damas bordaban una abeja en una ramita de tomillo sobre un paño, que entregaban a un caballero para que fuera valeroso.

El tomillo se consideraba también una hierba funeraria y los antiguos egipcios lo empleaban en ritos y rituales funerarios. Creían que el alma del difunto podía vivir en una ramita de tomillo hasta el momento del entierro, durante el cual sepultaban el tomillo junto con el cuerpo. Creían también que ayudaba a los vivos a conectar con sus antepasados y las almas de los seres queridos fallecidos.

El tomillo aparece en numerosas referencias bíblicas. Se creía que la paja del establo donde María dio a luz a Jesús contenía tomillo, entre otras hierbas, y en inglés se le solía llamar «la paja del jergón de Nuestra Señora». En Inglaterra, durante el periodo medieval, los colchones se rellenaban de tomillo porque se creía que mantenía alejadas las pesadillas.

PROPIEDADES MÁGICAS

Como hierba fumigatoria, el tomillo sirve para purificar. Prepare un atado con ramitas de tomillo y quémelo para purificar su altar antes de un hechizo o ritual, así evitará la interferencia de cualquier energía no deseada durante el trabajo. Úselo también para purificar su hogar y de esta forma eliminar las energías negativas. Queme tomillo seco sobre un carboncillo para eliminar la energía emocional negativa, en especial después de una discusión o desacuerdo.

El tomillo infunde valor. Antes de una situación que requiera confianza en sí mismo y valor, tome un baño con 7 gotas de aceite esencial de tomillo para adquirir valentía. También aleja las pesadillas. A principios del siglo XVII se tomaba agua de tomillo destilada con vinagre de rosa antes de acostarse. Una ramita de tomillo bajo la almohada mantendrá alejados los malos sueños.

Por su asociación con los ancestros, el tomillo es apropiado para el trabajo con espíritus. Tomar un té preparado con 3 cucharaditas de tomillo le ayudará a comunicarse con sus seres queridos fallecidos. Una receta del folclore de Cornualles para obtener un humo purificador dice así: 1 cucharadita de enebro, 3 cucharaditas de artemisa, 2½ cucharaditas de mirra, 1 cucharadita de anís estrella, 2 cucharaditas de verbena y 1½ cucharaditas de ajenjo, todas ellas mezcladas con 12 gotas de aceite de alcanfor y 7 gotas de aceite de tomillo. Este aceite se emplea para untar velas o se quema en un quemador para facilitar la comunicación con los antepasados.

PROPIEDADES MEDICINALES

El tomillo es conocido por sus propiedades desinfectantes y ayuda a purificar el aire, en especial si hay moho en la casa. Añada 5 gotas de aceite esencial de tomillo a un cubo de agua caliente y úsela para limpiar las zonas donde haya moho. Si después quema aceite de tomillo en un quemador, purificará el aire de cualquier contaminante residual.

El tomillo es antibacteriano y puede ser eficaz con cepas de bacterias resistentes a los antibióticos. Para preparar un aceite de tomillo, ponga 2 cucharadas de tomillo seco en un frasco hermético con 150 ml de aceite de oliva y déjelo reposar 4 semanas. Luego, cuele y descarte la materia vegetal con un colador o estopilla y añada 2 cucharadas más de tomillo seco al aceite. Agite el frasco a diario. Al cabo de otras 4 semanas, el aceite estará listo para usar. Tome 1 cucharada de aceite 3 veces al día hasta que desaparezca la infección. Este aceite sirve también para tratar la tos y refuerza el sistema inmunitario.

Estudios científicos han demostrado que el tomillo ayuda a reforzar los niveles de dopamina y serotonina, que son cruciales para regular el estado de ánimo. Para mejorar su ánimo, consuma tomillo de forma regular. He aquí tres opciones: el aceite del párrafo anterior, una taza diaria de té preparado con 4 cucharaditas de tomillo seco y reposado 15 minutos o 1 cucharadita al día de jarabe de tomillo (*véase* pág. 27).

VALERIANA
Valeriana officinalis

FOLCLORE

La valeriana es una planta perenne que puede alcanzar una altura de hasta 1,8 m y presenta racimos ramificados de flores rosas o blancas de dulce fragancia. Es autóctona de Europa y Asia, pero está aclimatada en Norteamérica; crece en praderas húmedas, pastizales y zonas cercanas a arroyos.

En la antigua Grecia y Roma se utilizaba la valeriana para tratar la ansiedad, el insomnio y los dolores de cabeza. Según el folclore, la diosa Afrodita entregó la valeriana al médico Claudio Galeno para que tratara el insomnio, y desde entonces se utiliza con este fin.

En la mitología nórdica, la diosa Freya preparaba pociones de amor que contenían valeriana para que los hombres se enamoraran de ella. Mucho tiempo después, en la Europa medieval, se pensaba que la valeriana atraía al sexo opuesto y se usaba como amuleto de amor.

Por ello, en el folclore inglés se considera que posee propiedades afrodisíacas; las jóvenes que deseaban atraer a un enamorado llevaban un racimo de valeriana. En Suecia era el novio quien lo llevaba en su boda, no para atraer el amor, sino para mantener alejados a los duendes celosos.

Durante el periodo medieval, la valeriana se empleaba a menudo para dar sabor a comidas y bebidas, y en épocas anglosajonas, las hojas y los tallos de esta planta eran un ingrediente popular en las ensaladas.

Se cree que la valeriana atrae a gatos y ratas, y los antiguos egipcios la utilizaban para este fin, ya que para ellos los gatos eran un animal sagrado. La capacidad de la valeriana para atraer a las ratas es bien conocida por el relato del Flautista de Hamelín; este llevaba raíz de valeriana en el bolsillo posterior para atraer a los roedores y llevárselos de la ciudad.

PROPIEDADES MÁGICAS

La valeriana es muy conocida por sus propiedades protectoras. Los celtas creían que les protegía de los rayos, y los griegos colgaban manojos de raíz de valeriana en sus casas, cerca de las ventanas, para protegerse del mal y de los visitantes no deseados. Por el fuerte olor de su raíz, la valeriana es un buen ingrediente para un tarro de hechizo protector (junto con romero, manzanilla, ortiga y la runa Elhaz —también denominada Algiz— dibujada en un papel). Para evitar que el olor se extienda por la casa, use un frasco hermético. Numerosas brujas de siglos pasados utilizaban tarros de hechizo protectores en sus prácticas. Biddy Early, una bruja irlandesa del siglo XIX, era conocida por su tarro de hechizos protector, una botellita de color azul, que llevó encima durante toda su vida.

Esta hierba se asocia con el dormir y con la magia onírica. Según el folclore inglés medieval, se ponía raíz de valeriana bajo la almohada para protegerse de los malos espíritus y las pesadillas. Otra alternativa, por el fuerte olor de la raíz de valeriana, es llenar un frasco de vidrio con raíces

y dejarlo bajo la cama para el mismo propósito. La raíz puede inducir el sueño lúcido; tome una taza de té o infusión de raíz de valeriana 20 minutos antes de acostarse.

La valeriana se asocia con el amor y la atracción. Lleve valeriana en una bolsita o prepare un aceite con valeriana, pétalos de rosa roja, albahaca y lavanda, y frótese con él las muñecas para atraer el amor (*véase* pág. 18). Quemar incienso en casa preparado con valeriana seca, canela, nuez moscada, jengibre y pachulí seco, atraerá el amor ardiente y apasionado. Según el folclore inglés, la mujer que deseaba atraer la atención del sexo opuesto se prendía una bolsita con valeriana a la ropa.

PROPIEDADES MEDICINALES

El fuerte olor que desprende la raíz de valeriana indica su alto poder curativo, según las creencias. La palabra valeriana viene del latín *valere* («estar fuerte y sano»), lo que explica su presencia en numerosos remedios de hierbas tradicionales.

A lo largo de los siglos, la valeriana se ha usado para tratar el insomnio y la ansiedad, y por sus propiedades sedativas. Antes de acostarse, tome una taza de té preparado con 2 cucharaditas de raíz de valeriana, 2 de pasiflora, 2 de lavanda y 2 de escutelaria, con un reposo de 5 a 7 minutos, para propiciar un sueño reparador. También puede tomar una tintura de raíz de valeriana: añada 4 cucharaditas de raíz de valeriana a 250 ml de vodka y déjelo reposar 4 semanas. Tome de 15 a 20 gotas con agua caliente o póngaselo debajo de la lengua 20 minutos antes de acostarse.

Clasificada por los herboristas occidentales como «nervina» o remedio para los nervios, la valeriana fomenta la relajación muscular. Esto hace que resulte excelente para tratar dolores de cabeza, dolores menstruales y tensión muscular. Prepare una pomada con 2 cucharaditas de valeriana, 2 de manzanilla, 2 de cúrcuma y 2 de corteza de sauce; 260 ml de aceite de semilla de uva; y 30 g de cera de abeja (*véase* pág. 22). Frótese con ella las sienes o el punto donde sienta alguna tensión muscular.

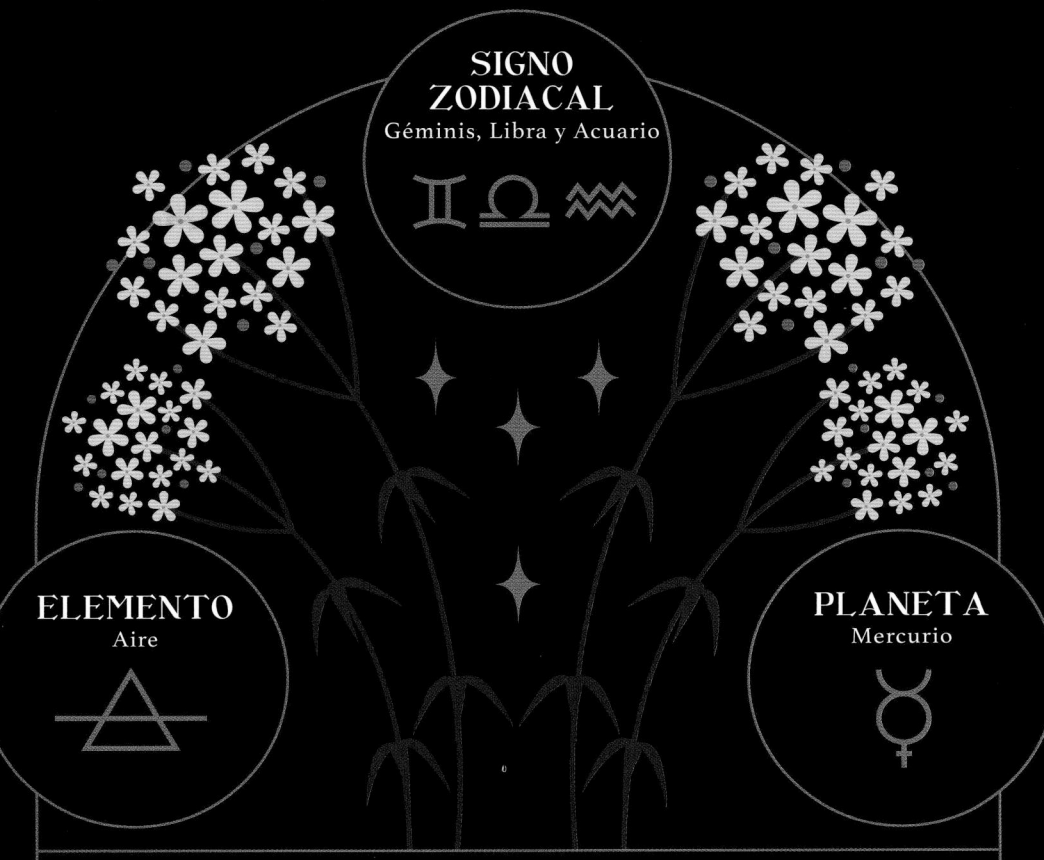

SIGNO ZODIACAL
Géminis, Libra y Acuario

♊ ♎ ♒

ELEMENTO
Aire

PLANETA
Mercurio

☿

VALERIANA
Valeriana officinalis

PROPIEDADES MÁGICAS

- Protege
- Ayuda a dormir y favorece la magia onírica
- Atrae el amor y el afecto
- Ayuda a la magia del trabajo con la sombra
- Es sedante
- Fomenta la paz y la serenidad
- Detiene las discusiones

PROPIEDADES MEDICINALES

- Propicia el sueño reparador
- Trata el insomnio
- Calma la tensión nerviosa
- Equilibra el sistema nervioso
- Calma
- Alivia los dolores de cabeza provocados por la tensión
- Trata los síntomas de la menopausia
- Trata la tensión premenstrual

NOMBRES POPULARES Valeriana común, valeriana de las boticas o medicinal, alfeñique, hierba de los gatos

EL CONJURO DE LAS NUEVE HIERBAS

Se trata de un conjuro anglosajón del siglo X contra las infecciones y el veneno. Contiene nueve hierbas: artemisa, llantén, berro de agua, ortiga, betónica, manzanilla, manzana silvestre (flores y hojas), perifollo e hinojo. Para preparar este hechizo, muela las hierbas mientras va recitando el nombre de cada una de ellas.

A continuación, mézclelas mientras repite las palabras siguientes. Para tratar la infección, mezcle las hierbas con ceniza de madera o carbón y agua y forme una pasta, que deberá aplicar sobre la zona afectada. Contra el veneno, prepare una bebida con la mezcla y tómela.

Lo que dispusiste con tu gran proclama
Te llamabas Una, la más antigua de las hierbas,
Tú que vences contra tres y contra treinta,
Tú que vences al veneno, a la plaga,
Tú que vences al odioso enemigo que viaja por la tierra.
Y tú, llantén, hierba madre,
Abierto hacia el este, de interior poderoso.
Sobre ti los carros rodaron, sobre ti cabalgaron reinas,
Sobre ti novias lloraron, sobre ti toros bufaron.
Prevaleciste ante todos, los aplastaste a todos.
Del mismo modo prevaleces ante el veneno y la plaga
Y el odioso enemigo que viaja por la tierra.
Berro de agua se llama esta hierba, creció sobre una piedra,
Prevalece contra el veneno, se enfrenta victoriosa al dolor.
Ortiga se llama, combate la ponzoña, expele lo maligno.
Esta es la hierba que luchó contra el dragón,
Vence al veneno, vence a la plaga,
Vence al odioso enemigo que viaja por la tierra.
Ahuyenta, betónica, al más potente de los venenos,
lo pequeño se hace grande, lo grande se hace pequeño,
hasta que la cura para ambos resida en uno solo.
Recuerda, manzanilla, lo que revelaste,
Que nunca por una infección un hombre perdería su vida
Tras tomar manzanilla con su alimento.

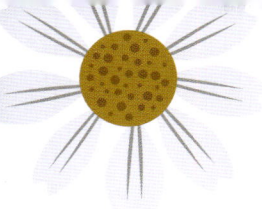

Esta es la hierba llamada manzana silvestre
Una foca la envío cruzando la corriente del océano
Una derrota para el veneno, una ayuda para otros.
Hace frente al dolor, aplasta el veneno,
Vence contra tres y contra treinta,
Vence la mano del enemigo y las poderosas maquinaciones,
Vence el maleficio de criaturas malévolas.
La manzana triunfó sobre el veneno
Para que la odiosa serpiente no habitara nunca en la casa.
Perifollo e hinojo, dos muy poderosas,
estas hierbas forjó el sabio Señor,
Sagrado en los cielos, mientras de ellos colgaba;
Las forjó y las envió a los siete mundos,
Para los desdichados y los afortunados,
un remedio para todos.

Evite la artemisa
y la betónica si está
embarazada o
amamantando. Tome
nota de que el llantén
es laxante.

Estas nueve tienen poder sobre los nueve venenos.
Un gusano vino arrastrándose, no mató nada.
Porque Woden tomó nueve ramitas de gloria,
Golpeó a la serpiente que se quebró en nueve partes.
Ahora estas nueve hierbas tienen poder contra los nueve malos espíritus,
Contra los nueve venenos, contra las nueve plagas:
Contra el veneno rojo, contra el veneno inmundo,
Contra el veneno amarillo, contra el veneno verde,
Contra el veneno negro, contra el veneno azul,
Contra el veneno pardo, contra el veneno carmesí.
Contra la ampolla causada por el dragón, contra la ampolla causada
por el agua, contra la ampolla causada por la espina, contra la ampolla
causada por el cardo, contra la ampolla causada por el hielo,
contra la ampolla causada por el veneno.
Contra el mal del aire, contra el mal de la tierra,
contra el mal del mar.
Si cualquier veneno viene volando desde el este, o del norte,
o del sur, o del oeste sobre el clan de los hombres.
Woden está por encima de todas las enfermedades.
Solo yo conozco un arroyo, al que las nueve víboras temen acercarse.
Que todas las malas hierbas broten de sus raíces,
Que los mares se separen, toda el agua salada,
Cuando con mi soplo alejo de ti este veneno.

Flores

CLAVEL
Dianthus caryophyllus

FOLCLORE

Originario del Mediterráneo, el nombre en latín del clavel —*dianthus*— se atribuye al botánico griego Teofrasto, y significa «flor de los dioses». En el antiguo folclore griego, el clavel se asociaba a la diosa Diana. Esta se enamoró de un pastor que no le correspondía, por lo que le arrancó los ojos y allí donde cayó la sangre empezaron a brotar claveles rojos de la tierra. De la misma manera, en el saber popular cristiano, los claveles rojos crecen donde cayeron las lágrimas de la Virgen María al presenciar la crucifixión de Cristo.

En la tradición nórdica, los claveles representan una promesa de amor. La novia llevaba la flor escondida en la ropa, que después de la boda el novio tenía que encontrar. En la mitología china, los claveles se asociaban con el amor duradero, así como también con la buena suerte y la felicidad.

PROPIEDADES MÁGICAS

Llevar un clavel ayuda a atraer el amor, y también quemar los pétalos de las flores (junto con pétalos de rosa secos, lavanda seca, menta seca y romero seco) como incienso. Puede adornar una vela rosa con pétalos de clavel molidos y encenderla para dar paso al amor.

El clavel se asocia con la protección. Guarde los pétalos secos en una bolsita y cuélguela en algún lugar de la casa para mantener alejadas las energías negativas. Para un aceite protector con el que untarse, ponga 3 cucharaditas de pétalos secos de clavel en 200 ml de aceite portador, de girasol o de jojoba, en un frasco hermético. Guárdelo en un lugar fresco y oscuro de 3 a 4 semanas y agítelo diariamente. El té de clavel preparado con 3 cucharaditas de pétalos secos

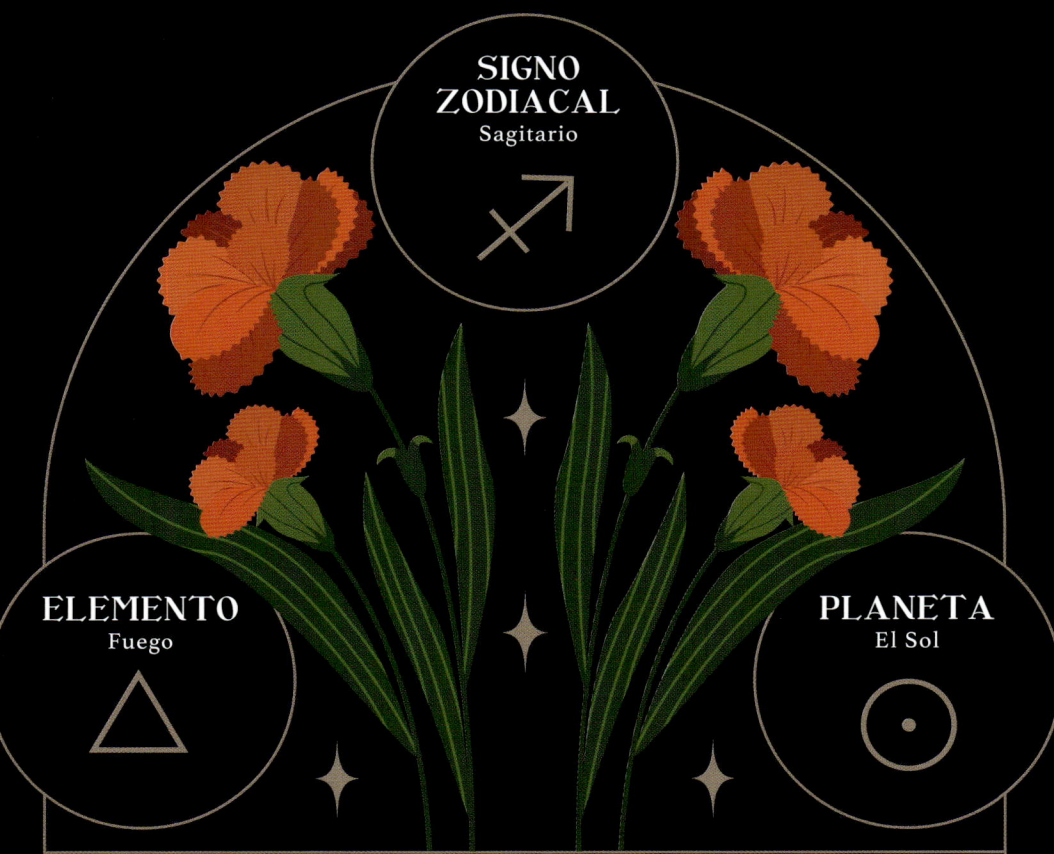

SIGNO ZODIACAL
Sagitario

ELEMENTO
Fuego

PLANETA
El Sol

CLAVEL
Dianthus caryophyllus

PROPIEDADES MÁGICAS

- Atrae el amor
- Protege
- Ayuda a recuperar las fuerzas
- Elimina la energía negativa y las maldiciones
- Aumenta la gratitud

PROPIEDADES MEDICINALES

- Trata los dolores musculares
- Alivia los calambres menstruales
- Trata el eczema y los sarpullidos
- Calma los nervios
- Alivia el estrés
- Refuerza el sistema inmunitario
- Eleva el ánimo
- Elimina las toxinas del cuerpo
- Alivia la diarrea
- Mitiga los dolores estomacales

NOMBRES POPULARES Clavelina, clavel común, clavel chino, clavel turco

en 1 taza de agua caliente, con un reposo de 5 a 7 minutos, se toma como bebida o para lavarse la cara (una vez enfriado) para potenciar el don protector y la fuerza personal. Si está enfermo, ponga claveles en el dormitorio para atraer la sanación y para que le ayuden a recuperar las fuerzas. Los claveles rojos son excelentes para poner en su altar cuando realice cualquier tipo de hechizo de sanación.

PROPIEDADES MEDICINALES

El clavel posee propiedades desinflamatorias que ayudan a tratar el dolor muscular y los calambres menstruales. Prepare un té con 110 g de pétalos o una pomada (*véase* pág. 22) con 230 ml de aceite portador, como el de girasol o el de jojoba, y 30 g de cera de abeja; aplíquela en la zona afectada. Esta pomada trata también los espasmos musculares. Debido a sus propiedades antiinflamatorias, el aceite de clavel (*véase* pág. 18) hecho con 2 cucharaditas de pétalos y 230 ml de aceite portador —girasol o jojoba— sirve para tratar el eczema y los sarpullidos leves.

El clavel, tomado como té o tisana, ayuda a calmar los nervios, combate el estrés y da ánimos, porque calma el sistema nervioso. Como rebosa antioxidantes, sirve también para reforzar el sistema inmunitario. El té de clavel es purificador y sirve para eliminar cualquier toxina del cuerpo, para aliviar el dolor de estómago y para tratar la diarrea.

CRISANTEMO
Chrysanthemum morifolium

FOLCLORE

Autóctono del norte y este de Europa y de Asia oriental, el crisantemo es símbolo de amistad, longevidad y alegría. En la China se toma vino de crisantemo el noveno día del noveno mes para la buena salud y la paz.

En la Grecia antigua se creía que los crisantemos protegían contra los malos espíritus, por ello se colocaban en las tumbas. La palabra crisantemo se deriva del griego *chrysos*, que significa «oro» y «*anthemon*» (flor).

En el folclore japonés los crisantemos se convirtieron en el símbolo del trono del Japón cuando el emperador Go-Daigo los adoptó como su blasón y sello. Esta flor se veneraba como símbolo de felicidad y alegría durante las celebraciones del Kiku no Sekku (Festival de la Felicidad). En el saber popular cristiano, el crisantemo se consideraba símbolo de la muerte y se asociaba con el Día de los Difuntos, una fecha para recordar a los que han fallecido. El crisantemo era también símbolo de la esperanza de la resurrección y de la vida después de la muerte; es por ello que, en la tradición cristiana, solían estar presentes en los funerales.

PROPIEDADES MÁGICAS

Asociado con la protección, un jarrón con crisantemos en casa evitará la entrada de influencias negativas. Los crisantemos sirven también para recordar a los difuntos y los puede poner en su altar dedicado a los ancestros o en su lugar sagrado el día de Samhain. Los pétalos se queman mientras se comunica con el espíritu de sus antepasados. La artista y visionaria Hilma af Klint era conocida por comunicarse de esta forma con los ancestros. Incorporó el trabajo con los espíritus a sus cuadros en forma de imágenes canalizadas y escritura automática. Su creación más famosa se titula *Los diez más grandes*.

Puede preparar un aceite de crisantemo para atraer la felicidad y la alegría. Ponga en un frasco hermético 3 cucharaditas de pétalos de crisantemo amarillo, 2 cucharaditas de manzanilla y 2 de melisa con 400 ml de un aceite portador, como el de girasol o el de jojoba, y déjelo reposar de 3 a 4 semanas. Al cabo de este tiempo, descarte los pétalos y las hierbas antes de usar el aceite. Apllíqueselo cuando sienta que necesita un toque extra de felicidad o utilícelo para untar velas. En un sencillo hechizo para la felicidad, unte una vela amarilla con el aceite y coloque 3 citrinos a su alrededor. Encienda la vela, espere a que se consuma del todo y lleve los citrinos encima como amuleto.

PROPIEDADES MEDICINALES

En la medicina china se suele emplear el crisantemo para preparar un té relajante y reparador. Añada 2 flores de crisantemo a una taza de agua caliente y déjelo reposar de 5 a 7 minutos. Tómelo 3 veces al día, antes de acostarse o en momentos de estrés. Para aliviar el dolor de cabeza, tome un té: poga raíces de crisantemo en agua caliente y déjelo reposar de 5 a 10 minutos.

El crisantemo refuerza la inmunidad por su elevado nivel en vitamina C y se puede utilizar para combatir el resfriado. Para una tintura, cubra 5 cucharaditas de crisantemos secos (de cualquier color) con 300 ml de vodka y déjelo reposar 4 semanas. Luego, escurra y descarte los pétalos, y tome de 15 a 20 gotas 3 veces al día así que aparezcan los síntomas del resfriado.

SIGNO ZODIACAL
Leo

ELEMENTO
Fuego

PLANETA
El Sol

CRISANTEMO
Chrysanthemum morifolium

PROPIEDADES MÁGICAS

- Protege
- Mantiene alejada la energía negativa
- Pone fin a las discusiones
- Calma los ánimos
- Ayuda a recordar a los difuntos
  y a comunicarse con los espíritus
- Trae felicidad y alegría, buena salud
  y longevidad

PROPIEDADES MEDICINALES

- Favorece la relajación
- Reduce el estrés
- Favorece la salud del corazón
- Alivia el dolor de cabeza
- Refuerza el sistema inmunitario
- Trata el resfriado y la gripe
- Es digestivo
- Favorece la salud de los ojos
- Reduce la presión sanguínea alta

NOMBRES POPULARES Flor de oro, margarita

ELEMENTO
Fuego

PLANETA
El Sol

NARCISO
Narcissus

PROPIEDADES MÁGICAS

- Favorece el amor propio y hacia los demás
- Simboliza el nacimiento y la esperanza
- Trae alegría, buena suerte, prosperidad y paz
- Aumenta la resiliencia y atrae la abundancia
- Protege

NOMBRES POPULARES

Flor pato

NARCISO
Narcissus

FOLCLORE

Originarios de Europa y norte de África, los narcisos están cargados de mitología. Simbolizan el nuevo nacimiento y la esperanza, porque son las primeras flores que aparecen en primavera. En la Inglaterra victoriana, el narciso significaba amor no correspondido, así como respeto y prosperidad.

En el folclore de la Grecia antigua, el narciso es la flor de los muertos y se asocia con el dios Hades. Otro mito griego es el del joven Narciso, a quien le fue concedida una belleza inmortal siempre y cuando no viera su propio reflejo. Una ninfa del bosque llamada Eco se enamoró de Narciso, pero él solo se interesaba por sí mismo y la ninfa languideció por el amor no correspondido. Como venganza por cómo Narciso había tratado a Eco, la diosa Némesis le mostró su reflejo en un lago. Narciso murió y allí donde cayó su cuerpo brotaron narcisos. A pesar de este mito, en Oriente Medio estas flores se consideran un afrodisíaco y simbolizan al amante fiel.

En el cristianismo se dice que los narcisos aparecieron para consolar a Jesús en el huerto de Getsemaní después de que Judas le traicionara. En los países escandinavos, los narcisos están vinculados al saber popular cristiano y los llaman lirios de Pascua porque florecen en esta época.

PROPIEDADES MÁGICAS

Los narcisos son muy tóxicos y no deben consumirse. Incluso la savia del tallo puede causar una erupción cutánea si alcanza la piel, así que póngase guantes para manipular esta flor. No tiene ningún uso medicinal.

Los narcisos son perfectos para su altar de Ostara, para señalar el inicio de la primavera. Plante bulbos de narciso en su jardín en otoño para que broten a tiempo para la primavera.

Los narcisos se asocian con la buena suerte, la resiliencia, la abundancia y la regeneración. Para atraer la abundancia a su hogar, ponga un jarrón con narcisos en algún lugar de la casa. También puede plantar bulbos de narciso en el jardín, cerca de la puerta de entrada, para atraer mayor abundancia y para proteger su hogar de energías negativas.

MARGARITA
Bellis perennis

FOLCLORE

A menudo considerada una mala hierba, la margarita es autóctona de Europa y de las zonas templadas de Asia, pero hoy día se encuentra en todos los continentes excepto en la Antártida.

En el folclore cristino se dice que la Virgen María estaba recogiendo margaritas para Jesús cuando se pinchó el dedo, entonces las flores se mancharon con su sangre y sus puntas se volvieron de color de rosa. También se creía que las margaritas eran un don de Dios para dar consuelo a los padres cuyo hijo o hija había fallecido.

Esto proviene de un relato celta sobre una mujer llamada Malvina, que estaba afligida por la muerte de su hijo nacido muerto, pero encontró consuelo al oír decir que los niños fallecidos se reencarnaban como margaritas.

En la antigua Roma, las margaritas se asociaban con Vertumno, dios de las estaciones del año y los jardines. Este se enamoró de una dríade llamada Belides, quien para escapar de sus insinuaciones, que no eran correspondidas, pidió ayuda a los dioses y estos la convirtieron en margarita.

PROPIEDADES MÁGICAS

Las margaritas se asocian con el amor, la amistad y la adivinación. Tal vez de niño arrancó los pétalos de una margarita diciendo «me quiere», «no me quiere», para descubrir si le gustaba a la persona. Este es un sencillo hechizo de amor que pueden realizar también los adultos: arrancar los pétalos uno a uno para obtener respuestas de sí o no. Para reavivar y fortalecer un amor romántico o una relación platónica, llene una bolsita con margaritas y póngala debajo de la almohada al acostarse o llévela siempre encima.

Las margaritas se relacionan con la magia de hadas y duendes y se confeccionan cadenas de estas flores como ofrenda para el pueblo de las hadas durante Beltane y el solsticio de verano. En estas épocas del año, puede decorar la casa con margaritas para atraer la buena suerte, la felicidad, la alegría y la abundancia. Isobel Gowdie, una bruja escocesa del siglo XVII, era conocida por comunicarse con estos personajes durante esta época del año. Durante su juicio declaró, sin ser obligada a ello, que había sido invitada de la reina de las hadas.

SIGNO ZODIACAL
Tauro

ELEMENTO
Tierra

PLANETA
El Sol y Venus

MARGARITA
Bellis perennis

PROPIEDADES MÁGICAS

- Fortalece el amor y la amistad
- Aumenta la buena suerte
- Trae felicidad, alegría y abundancia

PROPIEDADES MEDICINALES

- Trata la tos y los resfriados
- Alivia el dolor y las molestias
- Trata cortes, heridas y moratones
- Es digestiva
- Mejora la circulación sanguínea

NOMBRES POPULARES
Chirivita, agamarza, bellorita, gramaza, gramazón, margarita, margarita de prados, margarita silvestre, maya, pascueta

PROPIEDADES MEDICINALES

La margarita sirve para tratar la tos y el resfriado. Como expectorante (ayuda a aflojar la mucosidad y, así, eliminarla mediante la tos y despejar la garganta y los pulmones), prepare una infusión con un buen puñado de margaritas y tómela 3 veces al día mientras persistan los síntomas (*véase* pág. 14).

El jarabe de margarita es excelente para aliviar la tos y la garganta irritada. Para un jarabe de margarita, hierva 100 g de hojas, flores y tallos de margarita cubiertos de agua, durante 20 minutos. Cuele y descarte la materia vegetal y añada la misma cantidad de miel que la del agua que ha quedado en el cazo. Hierva hasta que espese. Tome de 1 a 3 cucharadas al día hasta que la tos desaparezca.

La margarita posee propiedades antiinflamatorias y antibacterianas. Para el dolor y las molestias, prepare una pomada de margarita con 235 ml de aceite de margarita y 30 g de cera de abeja, y aplíquela en las zonas doloridas del cuerpo. Para cortes, mordeduras, heridas y magulladuras, utilice un emplasto de margarita (*véase* pág. 28). Ponga un buen puñado de flores de margarita en una bolsa de muselina. Deje la bolsa en remojo en agua caliente 5 minutos y aplique la pasta resultante sobre la zona afectada durante 15 minutos.

DIENTE DE LEÓN
Taraxacum officinale

FOLCLORE

El diente de león es autóctono de Eurasia y su nombre se debe a que sus pétalos dentados recuerdan el «diente de un león».

En el folclore inglés lo llamaban «mojacamas», y en el francés moderno *pissenlit*, porque por las notables propiedades diuréticas de sus hojas, se cree que, si se toma de noche, la persona se orinará en la cama. Algunas creencias medievales decían que; si se sostenía un diente de león bajo la barbilla y la piel se ponía amarilla, en el futuro sería rico; si se soplaba sobre las semillas de un diente de león y se formulaba un deseo, estas lo transmitirían; y que si se guardaba esta flor en el interior de la casa, protegería a animales y humanos contra la brujería.

PROPIEDADES MÁGICAS

El diente de león se utiliza en la adivinación de temas amorosos. Si piensa en alguien que le gusta y sopla sobre las semillas de un diente de león, le indicará si le corresponde o no. Si todas las semillas salen volando al soplar, esa persona está muy enamorada de usted. Si quedan algunas, es que tiene alguna reserva o duda. La adivinación, en especial la amorosa, era algo que muchas brujas de antaño practicaban, por ejemplo Ursula Southeil, más conocida como Mother Shipton. Vivía en Yorkshire y mucha gente de todos lados acudía a ella por sus dotes adivinatorias.

El diente de león refuerza las capacidades psíquicas. Cuelgue 4 raíces de diente de león limpias en un lugar fresco y seco hasta que se hayan secado del todo; tuéstelas en el horno a 180 °C hasta que estén doradas (procure que no se quemen). Muélalas y prepare una infusión: deje el polvo en agua caliente (no hirviendo) durante 20 minutos. Esta infusión ayuda a tener más valor y, si la deja cerca de su cama durante la noche, le será más fácil invocar a los espíritus.

PROPIEDADES MEDICINALES

El diente de león posee propiedades antiinflamatorias y alivia el dolor muscular y la artritis. Ponga 5 raíces limpias de diente de león en un frasco, cúbralas con vodka y déjelas reposar 1 mes; agite el frasco todos los días. Escurra la materia vegetal y tome 15 gotas de tintura en un poco de agua, 3 veces al día. Sirve también para tratar la indigestión.

El té de diente de león contribuye a bajar la presión sanguínea, a regular el azúcar en sangre, a reducir el colesterol e, incluso, ayuda al buen funcionamiento del hígado. Para preparar un té infusione hojas y flores en agua caliente durante 15 minutos. Tómelo 3 veces al día.

SIGNO ZODIACAL
Sagitario

ELEMENTO
Aire

PLANETA
Júpiter

DIENTE DE LEÓN
Taraxacum officinale

PROPIEDADES MÁGICAS

- Aumenta las capacidades psíquicas y el valor
- Ayuda a invocar los espíritus
- Propicia el crecimiento, la esperanza, la transformación y los nuevos inicios

PROPIEDADES MEDICINALES

- Trata el dolor muscular
- Alivia la artritis
- Hace bajar la presión sanguínea
- Regula el azúcar en sangre
- Reduce el colesterol
- Mantiene el hígado sano

NOMBRES POPULARES Achicoria amarga, amargón, almirón

JAZMÍN
Jasminum grandiflorum

PROPIEDADES MÁGICAS

- Se usa para el amor y la pureza
- Fomenta los sueños proféticos, las capacidades psíquicas y la intuición
- Trae paz y equilibrio

PROPIEDADES MEDICINALES

- Es sedante
- Alivia el estrés
- Induce la relajación
- Mejora el sueño
- Reduce las cicatrices
- Fortalece la función cerebral
- Eleva el ánimo
- Alivia el dolor de estómago
- Trata la diarrea

NOMBRES POPULARES Jazmín morisco, jazmín común, reina de la noche

JAZMÍN
Jasminum grandiflorum

FOLCLORE

Conocido como «la reina de las flores», se cree que el jazmín es originario de Asia y Oriente Medio. En el budismo se asocia con la devoción y la pureza. En 1819 se descubrieron unos pinturas en unas cuevas de la India donde se ven princesas ataviadas con tiaras hechas de jazmín. En el hinduismo, el jazmín simboliza el amor y se utiliza en las guirnaldas nupciales. Al igual que Cupido, Manmatha, el dios hindú del amor y del deseo, disparaba flechas hechas de jazmín para que las personas se enamoraran.

En el folclore árabe, existía un un relato sobre una bella nómada llamada Jasmine que deambulaba por las arenas del desierto. Un príncipe norteafricano quiso saber si era una mujer de carne y hueso, así que se fue al desierto a buscarla, donde la encontró caminando por las dunas. Al instante se enamoró de ella y le pidió la mano en matrimonio. Ella aceptó y se fue a vivir con él en su palacio, pero al cabo de un tiempo empezó a echar en falta el desierto. Una noche se escapó y regresó al lugar al que sentía que pertenecía. El Sol estuvo tan contento de que hubiera vuelto a casa, que decidió inmortalizarla en la flor que hoy día conocemos como jazmín.

PROPIEDADES MÁGICAS

El jazmín se asocia con el amor y el afecto. Ponga flores de jazmín secas en su popurrí para atraer el amor a su hogar. El aceite de jazmín se considera uno de los mejores para untar velas con este fin. Ponga 4 cucharaditas de jazmín seco en 150 ml de aceite y déjelo reposar 4 semanas antes de escurrirlo. Unte una vela rosa con el aceite y préndala para atraer el amor.

Asociado con el dinero, el jazmín se puede llevar encima o quemarlo para atraer la riqueza.

Utilice flores de jazmín secas para pasarlas por una vela verde inscrita con la runa Fehu para atraer el dinero, la abundancia y la prosperidad.

El jazmín fomenta los sueños proféticos. Queme flores de jazmín en su dormitorio como incienso antes de acostarse, o ponga 3 o 4 gotas de aceite esencial de jazmín en la almohada para reforzar sus habilidades psíquicas e intuición.

PROPIEDADES MEDICINALES

El jazmín se emplea como sedante, ayuda a relajar la tensión nerviosa e induce el sueño. Lleve una botellita de aceite esencial de jazmín en el bolsillo y húelalo cuando se sienta estresado; le calmará los nervios. Tome un baño caliente con 4 o 5 gotas de aceite esencial de jazmín para inducir la relajación y un sueño reparador. El jazmín en el agua ayuda también a reducir las cicatrices y es un potente antiinflamatorio.

Como el jazmín contiene cafeína, una infusión de esta flor ayuda a mejorar la función cognitiva. Ponga 2 cucharaditas de flores de jazmín secas y 2 cucharaditas de romero en una taza de agua caliente y espere 15 minutos; tómelo cada vez que necesite estimular el cerebro. Una infusión de jazmín ayuda a liberar serotonina y dopamina, que levantan el ánimo. Ayuda también con la digestión, aliviando el dolor abdominal y los síntomas del síndrome de colon irritable.

PRÍMULA
Prímula vulgaris

FOLCLORE

La prímula es originaria del sur y del oeste de Europa. Según el folclore irlandés, las prímulas sirven para conectar con las hadas y duendes. Se creía que las agrupaciones de prímulas eran señal de que había una entrada al reino féerico por allí cerca, y las flores se conocían como «copas de hadas». Quienes protegían las prímulas eran bendecidos por las hadas, pero quienes las recogían tendrían mala suerte.

En la Inglaterra de principios del siglo XVII las prímulas se asociaban con una vida segada antes de tiempo. Si una mujer moría joven y soltera, se colocaba una guirnalda de prímulas y otras flores primaverales en su tumba para representar que había muerto en la primavera de su vida. Se pensaba que después de la muerte se convertiría en prímula. Se cree que era la flor preferida de Shakespeare y aparece en muchas de sus obras.

PROPIEDADES MÁGICAS

Las prímulas se pueden utilizar para conectar con las hadas y duendes. Según el folclore irlandés, colgar prímulas cerca de la puerta de entrada a la casa es una invitación para que entren las hadas y le otorguen su bendición. Pero las prímulas esparcidas fuera de la puerta de entrada evitarán que las hadas crucen el umbral. Colgadas de las puertas de su hogar le protegerán de energías y personas indeseadas. La bruja irlandesa Biddy Early era famosa por su trabajo con las hadas y afirmaba que todo su conocimiento sobre hierbas y remedios procedía de las hadas y del tiempo que pasaba con ellas.

Las prímulas pueden usarse para rejuvenecer. Recójalas a primera hora de la mañana de Ostara, para que estén cubiertas de rocío matutino, y prepare con ellas un té o infusión para recuperar el vigor juvenil (*véanse* págs. 12-14). Para rejuvenecer la piel, deje unas prímulas en remojo en agua caliente 15 minutos y lávese la cara con el agua.

PROPIEDADES MEDICINALES

Debido a sus propiedades antiinflamatorias, la prímula alivia los sarpullidos y el eczema. Tome un puñado de flores de prímula y déjelas en remojo en agua, a la luz del sol, 45 minutos. Una vez listas, escurra las flores y lave con el agua la zona afectada, dos veces al día. Asimismo, puede preparar una pomada con 4 cucharaditas de flores de primavera, 250 ml de aceite y 30 g de cera de abeja, para los problemas cutáneos más persistentes (*véase* pág. 22).

Como expectorante, la prímula se utiliza para tratar la tos, el resfriado y los trastornos respiratorios. Un jarabe de prímula con agua caliente, tomado 3 veces al día, puede aliviar estas molestias. Para prepararlo, ponga 5 cucharadas de flores de prímula en 215 g de miel, 250 ml de agua y 90 ml de brandy. Disuelva la miel hirviéndola en un cazo lleno de agua. Una vez disuelta, sáquela del fuego y añádale el resto de los ingredientes. Al cabo de 24 horas, escurra y descarte las flores, y el jarabe estará listo.

SIGNO ZODIACAL
Tauro

ELEMENTO
Tierra

PLANETA
Venus

PRÍMULA
Primula vulgaris

PROPIEDADES MÁGICAS

- Protege
- Elimina la energía negativa
- Rejuvenece
- Devuelve el vigor juvenil
- Fomenta la buena suerte
- Atrae la prosperidad
- Induce sueños proféticos

PROPIEDADES MEDICINALES

- Trata la artritis y el reumatismo
- Alivia el eczema y los sarpullidos
- Trata la tos y el resfriado
- Alivia los problemas respiratorios
- Alivia los síntomas de la menopausia
- Mitiga el dolor menstrual
- Regula las hormonas
- Mejora el acné

NOMBRES POPULARES Primavera, primavera de jardín

AMAPOLA
Papaver

FOLCLORE

Existen numerosas variedades de amapolas, pero la roja es autóctona de gran parte de Europa y Asia, y se asocia con el sueño y la muerte. Los antiguos egipcios, romanos y griegos la empleaban como remedio popular contra el insomnio y para tratar el dolor. Estas culturas también la usaban como ofrenda para los difuntos. Existen antiguos registros de Mesopotamia que demuestran que usaban el opio extraído de la amapola por el efecto eufórico que produce. En la antigua Grecia, Hypnos, el dios del sueño, solía llevar una amapola. En otro mito griego, la diosa Deméter se enamoró de un hombre llamado Mecón, y cuando este murió le convirtió en amapola.

Las amapolas rojas son un símbolo del recuerdo; se pensaba que crecían en lugares donde los hombres morían en combate. Esto se describe en el poema de John McCrae de 1915, *En los campos de Flandes*, que habla de las amapolas que crecieron en las trincheras durante la Primera Guerra Mundial.

PROPIEDADES MÁGICAS

La amapola se asocia con los sueños y el acto de dormir. Ponga 3 cucharadas de semillas de amapola en una bolsita con lavanda y lúpulo y déjela bajo la almohada para un sueño reparador. Para que los sueños sean más intensos, prepare una vela violeta con semillas de amapola y artemisa y enciéndala antes de acostarse.

Por su asociación con la muerte, la amapola se usa como ofrenda en recuerdo de los difuntos. Ponga un frasco con semillas de amapola en su altar de Samhain para honrar a sus antepasados, en especial si eran militares.

Para la relajación y la sensación de calma, prepare un incienso con 1 cucharadita de semillas de amapola, 1 de manzanilla, 1 de lavanda, 1 de valeriana y 1 de melisa (estas cuatro últimas deben ser secas). Queme 1 cucharadita del incienso sobre un carboncillo siempre que le cueste relajarse.

SIGNO ZODIACAL
Géminis

ELEMENTO
Agua

PLANETA
La Luna

AMAPOLA
Papaver

PROPIEDADES MÁGICAS

- Ayuda a dormir y a soñar
- Ayuda a recordar a los seres queridos
- Relaja
- Aumenta el amor, la prosperidad y el dinero

PROPIEDADES MEDICINALES

- Combate el insomnio
- Fomenta la relajación
- Regula la presión sanguínea
- Reduce el colesterol
- Mantiene sano el cerebro
- Trata la diarrea
- Es digestiva
- Fortalece los huesos

NOMBRES POPULARES Ababol, adormidera silvestre, anapol, babaol, flor de lobo, loraguillo, perigallo, pipirigallo, rosella

PROPIEDADES MEDICINALES

La amapola ayuda a combatir el insomnio. Prepare un té con 1 cucharadita de semillas de amapola, 1 de lavanda y 1 de pasiflora, dejándolo reposar de 5 a 7 minutos; tómelo con un poquito de miel antes de acostarse. Asimismo, puede preparar una tintura con 3 cucharaditas de cada uno de los ingredientes mencionados y 250 ml de vodka. Déjelo reposar 5 semanas antes de colarlo y descartar la materia vegetal. Tome de 15 a 20 gotas, ya sea poniéndoselas debajo de la lengua o mezcladas con agua, 3 veces al día.

Se sabe que las semillas de amapola ayudan a controlar la presión sanguínea. Prepare un té con 1 cucharadita de semillas de amapola, 1 de tomillo seco, 1 de albahaca seca, 1 de canela y una rodaja de jengibre fresco, y déjelo reposar 20 minutos. Tómelo 2 o 3 veces al día. Debido a la abundancia de fibra alimentaria que contienen las semillas de la amapola, esta infusión contribuirá a mejorar la presión sanguínea y estabilizará el nivel de colesterol bueno en el organismo.

ROSA
Rosa

FOLCLORE

La mayor parte de las especies de rosas son autóctonas de Asia, aunque algunas tienen su origen en África y Europa. Según el folclore persa, las lágrimas del profeta Mahoma crearon la rosa cuando su hija Fátima cayó enferma.

En la antigua mitología griega, las rosas se asociaban con Afrodita. Cuando su amante Adonis resultó herido mientras cazaba, ella corrió a su lado y accidentalmente se hizo un arañazo con la espina de una rosa blanca, que se volvió roja con su sangre.

En la antigua Roma, la diosa Flora descubrió el cuerpo de una ninfa cuando caminaba por el bosque y decidió transformarla en flor. Llamó al dios Apolo para que hiciera brillar el sol sobre el cuerpo de la ninfa, le pidió a Baco que le diera néctar a la flor y a Vertumno que le diera olor: así fue como se creó la rosa.

Según el saber popular cristiano, las rosas no tenían espinas hasta que Adán y Eva fueron expulsados del Jardín del Edén. A partir de entonces, les salieron espinas a causa de la maldad de Eva.

PROPIEDADES MÁGICAS

Las rosas se asocian con el amor, el romance y la belleza. Para atraer el amor, prepare un baño caliente y añada pétalos de rosa roja para el amor, y de color rosa para la amistad, así como 5 gotas de aceite esencial de rosa. Tome este baño cada vez que quiera intensificar el amor en sus relaciones.

Para endulzar una relación romántica, prepare un tarro de hechizo con pétalos de rosa roja, cuarzo rosa, miel y un papel con su nombre y el de su enamorado escritos; selle la tapa con la cera de una vela roja. Llévelo encima cuando esté con la persona para quien lo preparó.

Para un agua de belleza con cristales, ponga 4 cucharaditas de pétalos de rosa roja secos, un cuarzo rosa, un cuarzo trasparente y una amatista en una jarra de agua y espere 24 horas. Escurra y descarte los pétalos de rosa y los cristales antes de irla tomando a lo largo del día. Puede utilizar esta agua para la sanación emocional si añade 4 cucharaditas de melisa y 4 de manzanilla.

PROPIEDADES MEDICINALES

Las rosas poseen propiedades antibacterianas y antiinflamatorias. Para preparar un agua de rosas que cure las heridas y alivie el dolor muscular, hierva a fuego lento 10 cucharaditas de pétalos de rosa cubiertos con agua; espere unos 30 minutos antes de retirar los pétalos. Utilice el agua para limpiar heridas y evitar la infección, o frote con ella las partes doloridas del cuerpo. Guárdela en el frigorífico hasta 8 días. Otra posibilidad es preparar una pomada de rosa para el mismo fin con 280 g de pétalos de rosa y 30 g de cera de abeja (*véase* pág. 22).

Las rosas son nervinas y ayudan a levantar el ánimo y a aliviar la depresión. Prepare un té con 1 cucharadita de pétalos de rosa, 1 de melisa, 1 de hojas de espino blanco y 1 de lavanda en una taza de agua caliente (no hirviendo) y déjelo reposar 15 minutos. Tómelo 3 veces al día.

SIGNO ZODIACAL
Tauro

ELEMENTO
Agua

PLANETA
Venus

ROSA
Rosa

PROPIEDADES MÁGICAS

- Fomenta el amor, el romance, la belleza y el amor propio
- Endulza las relaciones
- Aumenta el deseo sexual
- Refuerza la intuición y la confianza en sí mismo
- Ayuda con el trabajo de sueños

PROPIEDADES MEDICINALES

- Alivia el dolor muscular
- Limpia las heridas
- Eleva el ánimo
- Mitiga la depresión

NOMBRES POPULARES Reina de las flores

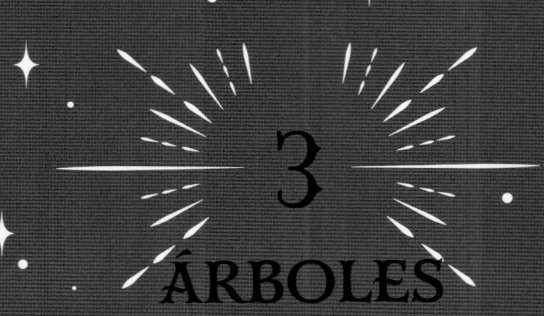

3
ÁRBOLES

Los árboles desempeñan un gran papel en la brujería y las prácticas medicinales desde hace milenios, y existe un abundante folclore relativo a los mismos. Numerosas culturas y civilizaciones cuentan con diferentes mitos e
historias sobre los árboles que crecen en su entorno. Por ejemplo, los celtas
creían que el roble regía la mitad más luminosa del año y el acebo, la mitad
más oscura. En lugar de signos zodiacales, los celtas empleaban el calenda-
rio de árboles celtas, donde a cada mes le correspondía un árbol que representaba el año cambiante. Este capítulo se concentra en el folclore y la
mitología asociados con numerosos árboles comunes y bien conocidos.
Incluye asimismo listados de sus propiedades mágicas, información de
cómo utilizarlos en sus propios hechizos y rituales, y el modo de incorporarlos
a sus prácticas curativas tal y como hacía la gente sabia de épocas pasadas.

ABEDUL
Betula pendula

FOLCLORE

El abedul es autóctono de diversos países del hemisferio norte.

En el folclore celta, el abedul representa los nuevos inicios, la purificación y la renovación. Durante Samhain (el Año Nuevo de la brujería) se quemaban ramas de abedul en hogueras para ahuyentar el mal y se fabricaban escobas con sus ramitas para purificar el hogar. También se colgaban ramas de abedul en los portales como protección ante las energías negativas.

Durante Beltane, los celtas construían palos de mayo (maypoles) con madera de abedul para sus danzas de fertilidad, y creían que los árboles contenían las almas de sus antepasados. En la mitología irlandesa, estos árboles estaban dedicados a la diosa Brigid, porque se creía que había nacido debajo de un abedul. En Escocia, había la creencia de que los abedules protegían contra los rayos absorbiendo su energía, razón por la cual se plantaban cerca de las casas. En Inglaterra, los abedules se solían usar para la protección de la tierra y para señalar los lindes de las propiedades.

PROPIEDADES MÁGICAS

El abedul se considera un árbol protector. Para alejar la energía negativa, forme un pequeño atado con ramitas de abedul sujeto con un trozo de cinta roja o cordel rojo y cuélguelo de una ventana de su casa.

Asociado desde hace largo tiempo con la purificación, las ramitas secas de abedul se atan y se queman. Haga llegar el humo a todos los rincones de su espacio o habitación para eliminar energías negativas o no deseadas. Para la magia de nuevos inicios, tome un trozo de corteza de abedul en luna nueva y escriba en ella el tipo de nuevo principio que anda buscando. A continuación, queme la corteza para liberar la energía de su hechizo.

SIGNO ZODIACAL
Géminis y Sagitario

ELEMENTO
Agua

PLANETA
Venus

ABEDUL
Betula pendula

PROPIEDADES MÁGICAS

- Protege
- Aleja la energía negativa
- Purifica
- Trae nuevos inicios
- Destierra el mal
- Renueva

PROPIEDADES MEDICINALES

- Alivia las infecciones del tracto urinario
- Alivia el dolor
- Mitiga los dolores de cabeza
- Trata las torceduras
- Despeja los senos nasales

NOMBRES POPULARES Abedul común, abedul europeo, abedul plateado, aliso europeo, genio del bosque, dama del bosque.

PROPIEDADES MEDICINALES

Las hojas de abedul poseen propiedades anti-sépticas y antibacterianas. Para evitar que se infecte una herida, prepare un emplasto con hojas y ramitas de abedul. Triture cantidades iguales de hojas y ramitas en un mortero y póngalo en una bolsa de muselina. Déjela en remojo en agua caliente 15 minutos. Al cabo de este tiempo, coloque la bolsa sobre la herida y déjela allí durante unos 20 minutos.

Como diurético, ponga 4 cucharaditas de hojas secas molidas en una bola infusora y prepare un té. Déjelas en agua caliente 10 minutos

para tratar la retención de líquidos y la presión sanguínea elevada. Este té le aliviará si sufre de cistitis o de una infección del tracto urinario.

El abedul posee propiedades antiinflama-torias y analgésicas. Prepare una tintura: ponga 2 cucharaditas de hojas y 2 de ramitas secas y molidas en 300 ml de vodka o brandy y déjelas entre 4 y 5 semanas. Transcurrido este tiempo, escurra y descarte la materia vegetal y guarde la tintura en un frasco; póngase 15 gotas debajo de la lengua 3 veces al día. La tintura ayudará a reducir la inflamación y aliviará el dolor.

SAÚCO
Sambucus nigra

FOLCLORE

El saúco es un árbol autóctono del Reino Unido, Europa, suroeste asiático y norte de África.

En el folclore celta, el saúco representa el cambio, la transformación y la renovación espiritual. Las brujas apreciaban su madera para fabricar sus varitas gracias a sus cualidades protectoras. El árbol se plantaba cerca del hogar para protegerlo contra la negatividad, los rayos y la brujería.

Según el folclore escandinavo, antes de cortar un saúco, utilizarlo para un hechizo o tocarlo, la persona tiene que conseguir el permiso de Madre Saúco, que habita en el árbol. En el saber popular cristiano, la cruz en la que crucificaron a Jesucristo era de madera de saúco, y el propio Judas se colgó de un saúco. En la Inglaterra cristiana, se creía que quemar madera de saúco invocaba al diablo, y que cualquier alimento preparado sobre un fuego de madera de saúco no sería apta para el consumo.

PROPIEDADES MÁGICAS

El saúco es protector y puede eliminar maldiciones. Ponga hojas y bayas de saúco secas, sal negra y agrimonia en una bolsita y llévela encima hasta que desaparezca la maldición. También puede usar hojas secas de saúco, agrimonia y sal negra para untar una vela del mismo color inscrita con la runa Elhaz. Una vez consumida la vela, la maldición habrá quedado eliminada. Catherine Monvoisin, conocida también como La Voisin, fue una bruja francesa del siglo XVII famosa por eliminar maldiciones.

Para proteger su hogar, cuelgue unas ramitas de saúco cerca de la puerta de entrada. Prepare un agua de saúco protectora para limpiar las superficies duras de la casa: ponga 4 puñados de hojas y bayas de saúco en un cubo de agua caliente y déjelas reposar 30 minutos. Escurra y descarte la materia vegetal y limpie con el agua suelos, paredes y ventanas.

Las bayas del saúco propician el viaje astral. Prepare un té dejando un puñado de bayas de saúco cocidas y secas en una taza de agua caliente durante 20 minutos; tómela antes de acostarse.

SIGNO ZODIACAL
Sagitario

ELEMENTO
Agua

PLANETA
Venus

SAÚCO
Sambucus nigra

PROPIEDADES MÁGICAS
- Protege contra el mal y los malos espíritus
- Deshace hechizos
- Aumenta la fuerza, la creatividad y la salud
- Trae prosperidad, abundancia y estabilidad

PROPIEDADES MEDICINALES
- Trata los resfriados y la gripe
- Alivia los problemas de los senos nasales
- Reduce la fiebre
- Ayuda a la digestión
- Trata la artritis
- Refuerza el sistema inmunitario
- Trata la fiebre del heno

NOMBRES POPULARES
Ssaúco dulce, saúco negro, saúco común, árbol del destino aciago

PROPIEDADES MEDICINALES

La madera de saúco posee propiedades antiinflamatorias. Para aliviar el reumatismo y el dolor, un remedio popular era llevar un trozo de madera verde de saúco en el bolsillo.

El saúco se utiliza para tratar infecciones respiratorias por sus propiedades antivíricas y antibacterianas. Para preparar un té de saúco, ponga 2 cucharadas de bayas secas de saúco en un tarro de cristal o tetera y llénelo hasta arriba con agua hirviendo. Déjelo reposar toda la noche, hasta que las bayas se hayan ablandado y cocido.

Disfrútelo al día siguiente, frío o caliente, enriqueciéndolo con miel al gusto. Puede preparar también un jarabe para este fin hirviendo a fuego lento 4 cucharadas de bayas y 4 de hojas de saúco durante 20 minutos. A continuación, escurra y descarte la materia vegetal y añada 400 ml de agua, 400 ml de miel y el zumo de un limón al líquido restante. Déjelo a fuego lento hasta que el líquido espese y forme un jarabe. Tome 1 cucharadita 3 veces al día.

ESPINO ALBAR
Crataegus monogyna

FOLCLORE

El espino albar es autóctono de Europa, Asia, África del Norte y América del Norte. Los celtas creían que el espino albar mantenía alejados a los muertos vivientes. Asimismo, se pensaba que inhalar el aroma de sus flores permitía comunicarse con los espíritus y conectar con el inframundo.

Los antiguos griegos asociaban el espino albar con el matrimonio y se sostenían ramitos de espino sobre una pareja de recién casados como protección y para garantizar una unión feliz. En épocas anglosajonas, el espino se conocía como *hagedorn*, que significa «seto espinoso», porque los agricultores empleaban el árbol para señalar los límites de su tierra. También los plantaban para proteger cultivos y animales de la brujería.

PROPIEDADES MÁGICAS

El espino albar ayuda a sanar un corazón roto y a aliviar la pena. Prepare una taza de té con un puñado de bayas de espino secas y 1 cucharadita de milenrama; déjelo en agua caliente unos 20 minutos, hasta que el agua adquiera un color intenso. Tómelo diariamente hasta que la tristeza disminuya.

El espino se asocia con la primavera, favorece el surgimiento de cosas nuevas y ayuda a abrir el corazón a nuevas posibilidades. Prepare un aceite con 5 cucharadas de flores de espino y 350 ml de aceite, dejándolo reposar 4 semanas. Transcurrido este tiempo, grabe el símbolo del chakra del corazón en la cera de una vela rosa, úntela con el aceite y pásela por bayas de espino secas y molidas. Mientras arda la vela, diga varias veces: «Mi corazón está abierto a nuevos inicios y posibilidades». Deje arder la vela hasta que se consuma del todo.

DESCARGO DE RESPONSABILIDAD:
Evite el espino albar si está embarazada, está amamantando o toma alguna medicación para la sangre.

SIGNO ZODIACAL
Géminis

ELEMENTO
Fuego

PLANETA
Marte

ESPINO ALBAR
Crataegus monogyna

PROPIEDADES MÁGICAS

- Cura los corazones rotos y la aflicción
- Ayuda a combatir el agotamiento mental
- Proporciona protección emocional
- Favorece los nuevos inicios
- Abre el corazón a nuevas posibilidades
- Aumenta la fertilidad
- Mantiene alejados los malos espíritus

PROPIEDADES MEDICINALES

- Mantiene sano el corazón
- Trata la angina de pecho
- Regula el latido del corazón
- Mantiene sano el hígado
- Controla la presión sanguínea
- Reduce el colesterol
- Refuerza el sistema inmunitario

NOMBRES POPULARES Majuelo, árbol de mayo, espino blanco, amayuelo, arance, arto blanco, arto de manzaneta, espinal, espinalbo, espino de flor aromática, espino de olor, espino majuelo

PROPIEDADES MEDICINALES

El espino albar es conocido por mejorar la salud cardiovascular. Ayuda a tratar la angina de pecho y el latido irregular del corazón, baja la presión sanguínea y reduce el colesterol. Está repleto de antioxidantes, que reducen el estrés oxidativo y permiten mejorar la circulación si se ingiere a diario. Machaque 1 kg de bayas de espino en una cacerola, añada 1 litro de agua y déjelo hervir a fuego lento de 15 a 20 minutos. Cuele el líquido con una estopilla y añada 450 g de miel; a fuego lento, reduzca la mezcla hasta que se forme un jarabe. Tome 1 cucharadita 3 veces al día. Este jarabe sirve también para tratar problemas digestivos y el estreñimiento.

El espino albar posee asimismo propiedades antiinflamatorias. Para preparar un té, llene una bola infusora con bayas secas de espino y déjela en agua caliente 25 minutos. Tome este té dos veces al día para mitigar el dolor asociado con la inflamación. También contribuye a mantener la buena salud del hígado.

ACEBO
Ilex aquifolium

FOLCLORE

En el folclore cristiano, las hojas puntiagudas del acebo se asociaban con la corona de espinas de Jesucristo, mientras que las bayas rojas se relacionaban con su sangre.

En el folclore celta, el Rey Acebo gobernaba la mitad oscura del año (del solsticio de invierno hasta el solsticio de verano) y el Rey Roble, la mitad luminosa del año (del solsticio de verano hasta el solsticio de invierno).

Al final del año, una muchacha se ataviaba con hiedra (representando las fuerzas femeninas) y un chico, con acebo (representando lo masculino), para garantizar la fertilidad de las cosechas del año venidero. Tener acebo en el interior de la casa la protegía contra los duendes malévolos y atraía a los benévolos. Los antiguos romanos decoraban sus casas con acebo durante las Saturnales, fiestas paganas que solían celebrarse entre el 17 y 23 de diciembre, para celebrar la luz durante el periodo más oscuro del año. Este festival y sus tradiciones acabaron incorporándose a la Navidad en la época cristiana.

PROPIEDADES MÁGICAS

El acebo protege contra los maleficios y los espíritus malignos. Cuélguelo sobre la puerta de entrada para proteger su casa de la negatividad y la magia negra, o lleve una ramita de acebo encima para la protección personal. Añada 4 cucharaditas de hojas de acebo molidas, 4 de agrimonia seca y 4 de ortiga a 250 ml de algún aceite portador, de girasol o de jojoba, y resérvelo de 4 a 6 semanas; agite el frasco a diario. Al cabo de este tiempo, escurra y descarte la materia vegetal y utilice el aceite para untarlo en puntos de su hogar, su cuerpo o una pieza de joyería que lleve diariamente, para quedar protegido contra las maldiciones. Con este aceite puede eliminar cualquier magia negativa que le hayan hecho; solo debe untarlo sobre una vela negra y dejar que esta arda: cuando se haya consumido, el maleficio estará roto.

El acebo se asocia con la suerte y la buena fortuna. Ponga algunas hojas en un bol con agua y déjelas reposar a la luz del sol entre 3 y 4 horas. Saque las hojas y use el agua para rociarse el cuerpo y la casa y así atraer la buena suerte a su vida. Este agua también posee propiedades protectoras.

PROPIEDADES MEDICINALES

Las hojas de acebo poseen propiedades calmantes y tranquilizadoras, y se utilizan para tratar la ansiedad. Llene una bola infusora con 2 cucharaditas de hojas y 2 cucharaditas de corteza de acebo. Déjelo en infusión en agua caliente durante 15-20 minutos. Tome 2 tazas al día mientras persista la ansiedad.

Las hojas de acebo son un excelente diurético y alivian la retención de líquidos. Prepare una decocción añadiendo 8 cucharadas de hojas secas y 8 de corteza de acebo a 1 litro de agua caliente y hiérvalo 15 minutos hasta que se ablanden. Escurra y descarte la materia vegetal; tome de 2 a 3 tazas al día. Esta misma agua sirve para tratar la fiebre.

SIGNO ZODIACAL
Cáncer

ELEMENTO
Fuego

PLANETA
Marte y Saturno

ACEBO
Ilex aquifolium

PROPIEDADES MÁGICAS

- Protege contra maleficios y espíritus malignos
- Rompe maleficios y maldiciones
- Atrae la buena suerte, la buena fortuna y la prosperidad

PROPIEDADES MEDICINALES

- Calma
- Fomenta la relajación
- Trata la ansiedad
- Reduce la fiebre
- Trata los problemas digestivos

NOMBRES POPULARES
Aceba, agrifolio, aquifolia, aquifolio, congorosa, carrasco, crébol o crévol

ROBLE
Quercus robur

FOLCLORE

En el folclore celta, el roble se asocia con el conocimiento y la sabiduría. Se creía también que era el hogar de las hadas, y la expresión inglesa e irlandesa de «las hadas habitan en robles viejos» era un recordatorio para tener cuidado con ellas.

Se cree que la palabra «druida» podría derivarse del término celta *doire*, que significa «conocedor del roble», por su asociación con la sabiduría.

Los celtas, los antiguos romanos y griegos llevaban hojas de roble como señal de su elevada condición social. Los griegos asociaban el árbol con Zeus, por su capacidad de atraer los rayos y de sobrevivir a ellos. De modo parecido, en la mitología nórdica el roble se asociaba con Thor, dios del trueno, porque el roble ofrecía protección durante una tormenta con rayos y truenos.

PROPIEDADES MÁGICAS

El roble es un árbol protector. Prepare con sus hojas un aceite, que deberá aplicarse en su cuerpo y en la casa, para protegerse de la energía negativa, en especial del mal y de las enfermedades. Ponga 4 cucharaditas de hojas de roble secas y molidas en un frasco con 300 ml de algún aceite portador, como girasol o jojoba, y déjelo reposar hasta 4 semanas en un lugar fresco y oscuro: agítelo diariamente. Transcurrido este tiempo, escurra y descarte las hojas: ahora, el aceite está listo para ser utilizado.

Las bellotas se asocian con la prosperidad y la abundancia; lleve una en el bolsillo para atraerlas hacia usted. Si tiene problemas para concebir, lleve una bellota encima y dele otra a su pareja para incrementar la fertilidad y la potencia sexual.

Puede utilizar hojas de roble para un baño ritual. Ponga 1 cucharadita de hojas de roble, 1 de tomillo, 1 de romero y 1 de salvia común, todas ellas secas, en el agua caliente del baño para atraer la fuerza y la sabiduría y para la purificación espiritual.

SIGNO ZODIACAL
Leo

ELEMENTO
Fuego

PLANETA
Júpiter y Sol

ROBLE
Quercus robur

PROPIEDADES MÁGICAS

- Trae protección, prosperidad y abundancia
- Aumenta la fertilidad y la potencia sexual
- Fomenta la fuerza y la sabiduría
- Purifica espiritualmente

PROPIEDADES MEDICINALES

- Trata el dolor muscular
- Trata el eczema y los cortes
- Es bueno para la higiene bucal
- Contribuye a la salud del sistema digestivo

NOMBRES POPULARES
Roble real, roble común, roble albar, carballo, cajiga, roble fresnal

PROPIEDADES MEDICINALES

Las hojas de roble poseen propiedades antiinflamatorias. Para reducir la hinchazón y el dolor muscular, prepare una pomada de hojas de roble y aplíquela sobre la zona afectada. Para preparar la pomada necesitará 3 cucharaditas de hojas de roble secas y 3 de té verde, 400 ml de aceite de oliva, 4 gotas de aceite esencial de lavanda, 4 gotas de aceite esencial de eucalipto y 30 g de cera de abeja. Caliente las hojas de roble, el té verde y el aceite al baño maría unos 15 minutos; escurra y descarte la materia vegetal. Vuelva a ponerlo al fuego y agregue la cera de abeja; remueva hasta que se haya disuelto. Añada los aceites esenciales. Todavía caliente, vierta el líquido en un frasco hermético y espere a que se endurezca antes de usarlo. Esta pomada sirve para tratar problemas de piel, como el eczema, así como los cortes.

Las hojas de roble son buenas para la higiene bucal. Ponga 3 cucharaditas de hojas y 250 ml de vodka en un frasco para hacer una tintura; déjelas reposar 4 semanas antes de colar el líquido y descartar la materia vegetal. Aplique la tintura en la encía inflamada para reducir la hinchazón. También puede preparar una decocción para hacer gargarismos. Ponga 200 ml de agua y 2 cucharaditas de corteza de roble seca en un cazo. Hierva a fuego lento unos 20 minutos, escurra y retire la corteza y guarde el líquido. Utilícelo 2 veces al día. Esta misma agua sirve para los problemas digestivos y como astringente, ya que puede utilizarla para limpiar los poros de la cara.

SERBAL
Sorbus aucuparia

FOLCLORE

En el folclore celta, el serbal se asocia con la protección contra la brujería. Se solían plantar serbales cerca del hogar para mantener alejadas las energías negativas; por eso se creía que cortar un serbal traía mala suerte. Sus bayas rojas aumentan la capacidad protectora del árbol, ya que tradicionalmente el rojo se considera el mejor color para protegerse de la magia.

En Inglaterra se le solía llamar «el árbol de las brujas» y se empleaba su madera para fabricar talismanes protectores que se colgaban de la casa con un hilo rojo. Asimismo, era también la madera tradicional para tallar runas adivinatorias.

Los celtas asociaban el serbal con Brigid, la diosa de la sanación, la hilatura, la tejeduría y la herrería, y en Irlanda y Escocia las ruecas se solían fabricar con madera de serbal. En la mitología nórdica, se creía que fue un serbal el que salvó la vida de Thor cuando este, mientras era arrastrado hacia el inframundo, logró aferrarse a las ramas de dicho árbol y ascender de nuevo a la superficie.

PROPIEDADES MÁGICAS

El serbal se asocia con la protección y la eliminación de hechizos. Prepare un talismán con un trocito de madera de serbal con la runa Elhaz grabada en su superficie; llévelo encima para protegerse de las energías negativas.

Para proteger su hogar, forme un pentáculo con ramitas de serbal y cordón rojo y cuélguelo de su casa. Para protegerse durante un viaje, ensarte bayas rojas secas en un cordel rojo y llévelo como un collar para mantenerse a salvo.

Para desterrar a una persona o influencia negativa, escriba lo que quiera desterrar en un papel, métalo en una bolsita llena de hojas y bayas de serbal y entiérrela en algún lugar alejado de su casa. La bruja galesa del siglo XVI Tangwlyst Ferch Glyn utilizó un muñeco relleno de hierbas, entre ellas unas hojas de serbal, para desterrar (y maldecir) al obispo de David cuando este la acusó de estar viviendo en pecado.

PROPIEDADES MEDICINALES

Las bayas de serbal son beneficiosas para la respiración. Reducen la inflamación del tracto respiratorio y tratan el asma. Con este fin, prepare un jarabe de serbal con 5 cucharadas de bayas, 350 ml de agua y 5 cucharadas de azúcar. Hiérvalo a fuego lento unos 15 minutos y déjelo enfriar 20 minutos. Con un triturador de patatas machaque las bayas para que suelten el máximo jugo posible, antes de descartarlas. Aunque las semillas de las bayas de serbal se pueden comer una vez cocidas (crudas contienen ácido parasórbico, que es tóxico), es mejor colarlas con una estopilla porque no resultan agradables cuando al comerlas se meten entre los dientes. Deje la mezcla a fuego lento hasta que se convierta en un jarabe. Guárdelo en un frasco hermético en el frigorífico hasta una semana; tome 1 cucharada 3 veces al día. Este jarabe ayuda a fortalecer la inmunidad, por su elevado nivel de vitamina C, y favorece la digestión.

El serbal posee propiedades antiinflamatorias y antimicrobianas, y se usa para aliviar el dolor y tratar (y prevenir) infecciones. Para ello, tome el jarabe del párrafo anterior 3 veces al día, o prepare un zumo de bayas hirviendo a fuego lento 5 cucharaditas de bayas de serbal en 500 ml de agua hasta que se ablanden. Retire del fuego, machaque las bayas para que suelten el jugo, cuele el líquido y descarte la materia vegetal. Tome 1 taza 3 veces al día. Se conserva hasta 1 semana en el frigorífico.

SIGNO ZODIACAL
Acuario

ELEMENTO
Fuego

PLANETA
El Sol

SERBAL
Sorbus aucuparia

PROPIEDADES MÁGICAS

- Protege y destierra
- Aumenta la fuerza
- Aporta claridad mental
- Aumenta las capacidades psíquicas
- Protege contra la mala suerte
- Fomenta la resiliencia

PROPIEDADES MEDICINALES

- Mejora la salud del sistema respiratorio
- Favorece la digestión
- Alivia el dolor
- Refuerza el sistema inmunitario
- Abre el apetito

NOMBRES POPULARES
Serbal común, azarollo, sorbo, zurbal, jerbo o jerbal

4

LAS HIERBAS NOCIVAS EN EL SABER POPULAR

Las hierbas nocivas (o venenosas) se usan desde hace milenios tanto por sus cualidades mágicas como por sus propiedades medicinales. Incluso hoy día, las brujas y los sanadores las utilizan en su práctica. Muchos libros sobre brujería y remedios botánicos no incluyen información sobre este tipo de hierbas porque son muy peligrosas y capaces de matar a un ser humano o animal si se ingieren. No obstante, como el presente libro trata sobre el saber popular de la magia verde, creo que es importante incluirlas por la rica y variopinta mitología que se atribuye a hierbas venenosas como la belladona, la dedalera y la mandrágora. Hablaré brevemente de las propiedades mágicas y medicinales de estas plantas con fines informativos, pero me centraré principalmente en su rica historia y folclore.

DESCARGO DE RESPONSABILIDAD:

Es de la máxima importancia que NO consuma ni manipule hierbas venenosas de ninguna manera, ya que incluso las cantidades más pequeñas pueden causar fuertes dolores e incluso la muerte. Solo el hecho de tocarlas sin guantes puede provocar graves reacciones en la piel, o incluso envenenamiento, ya que algunas toxinas penetran en el cuerpo por vía cutánea. Algunas de estas hierbas pueden ser recetadas por fitoterapeutas profesionales, pero no es seguro experimentar con ellas de ninguna forma.

BELLADONA
Atropa belladonna

FOLCLORE E HISTORIA

La belladona, conocida también como dulcamara mortal, es autóctona del Reino Unido, Europa central y del este, y Asia, pero hace tiempo que ha arraigado en muchas otras regiones, entre ellas Norteamérica. Se suele encontrar en bosques, matorrales, descampados y márgenes de caminos. Crece hasta los 1,2 m de altura y presenta flores violeta en forma de campana, de un aroma suave. Es una de las plantas más tóxicas autóctonas del hemisferio norte. Las hojas, raíces y bayas son extremadamente venenosas, ya que contienen alcaloides derivados del tropano, que en pequeñas dosis causan alucinaciones y delirios, y en grandes dosis llegan a matar.

Su nombre significa «mujer hermosa» en italiano y, según el saber popular, durante el periodo renacentista las mujeres italianas solían aplicarse una tintura de belladona en los ojos porque creían que los hacían más atractivos al dilatarse las pupilas. El término *atropa* se deriva de Atropos («la inexorable»), una de las tres moiras griegas, cuya función era hacer irreversibles las decisiones de sus hermanas y cortar el hilo de la vida.

En el folclore de la Antigua Roma, la belladona estaba dedicada a Bellona, la diosa de la guerra. Los romanos utilizaban belladona para contaminar los alimentos de sus enemigos, y las esposas de los emperadores Claudio y Augusto fueron envenenadas con atropina, un componente tóxico de la belladona. No se empleaba solo como arma, ya que se descubrió que la atropina era el único antídoto para un gas inodoro letal creado como agente neurotóxico por la Alemania nazi en la Segunda Guerra Mundial.

En Bohemia se decía que la belladona pertenecía al diablo, y cualquiera que comiera las bayas de la planta sería castigado por él. Se decía a los niños que se encontrarían cara a cara con el diablo si las recolectaban. El folclore alemán nos cuenta que si alguien quería recoger la planta, primero tenía que soltar una gallina negra en la víspera de Walpurgis (del primero de mayo), ya que el diablo saldría a perseguir el animal y se olvidaría de custodiar la belladona.

En Europa, durante los siglos XVI y XVII, la belladona era un ingrediente popular para el ungüento volador, una sustancia alucinógena que solían emplear las brujas para acudir volando a los aquelarres. Encontrará una receta alternativa y segura de este ungüento en la página 80.

No la toque ni la consuma.

ELEMENTO
Agua

PLANETA
Saturno

♄

BELLADONA
Atropa belladonna

PROPIEDADES MÁGICAS

- Propicia la proyección astral
- Se emplea en la magia con hadas y duendes
- Es protectora

NOMBRES POPULARES

Hierba mora mortal, dulcamara mortal

DATURA
Datura stramonium

FOLCLORE E HISTORIA

Conocida también como estramonio, la datura es una planta arbustiva autóctona de Norteamérica y México. Alcanza hasta 1 metro de altura y produce unas flores grandes en forma de trompeta que dan un fruto espinoso que, al madurar, origina numerosas semillas. Al igual que la belladona, las hojas, raíces y flores contienen letales alcaloides de tropano capaces de matar a humanos y animales incluso en dosis pequeñas. Crece en lugares como campos, márgenes de camino y setos, y a menudo se la considera una mala hierba.

Numerosas culturas indígenas empleaban la datura como herramienta chamánica para propiciar la adivinación y el trabajo con los espíritus, debido a sus propiedades modificadoras de conciencia. Utilizada desde hace más de tres milenios, esta planta visionaria permite el acceso al mundo de los espíritus cuando se quema y se aspira el humo, o bien usada en un aceite o ungüento. En la antigua Grecia, la suma sacerdotisa del templo de Apolo de Delfos, conocida como «el oráculo de Delfos», utilizaba la datura quemándola y aspirando el humo para inducir sus visiones.

En el folclore europeo, la datura se suele asociar con la sombría diosa Hécate. También se la vincula con Baba Yaga, una anciana del folclore y la magia eslavos, conocida por raptar a niños y comérselos. Se creía que fueron las comunidades romaníes quienes llevaron la datura a otros lugares de Europa en sus migraciones hacia el este, ya que la utilizaban para invocar a los espíritus. Conocida también como «hierba de las brujas», la datura está muy vinculada a la brujería, la magia y el inframundo. Era una planta que las brujas empleaban como ungüento volador en los siglos XVI y XVII, ya que gracias a sus propiedades alucinógenas creían volar hasta el lugar donde se celebraba el aquelarre (hallará una receta segura de un ungüento volador en la página 80).

La datura se suele utilizar en la India para decorar templos, tratar fiebres y reducir la inflamación. Sin embargo, tiene una historia tenebrosa. Los seguidores de la diosa Kali empleaban datura en sus actividades criminales, drogando a sus víctimas antes de robarles. Se cree que se usaba también para drogar a los elegidos para los sacrificios humanos. Los aztecas la empleaban como narcótico antes de extraer el corazón de la persona que sacrificaban en sus rituales.

No la toque ni la consuma.

ELEMENTO
Agua

PLANETA
Saturno

DATURA
Datura stramonium

PROPIEDADES MÁGICAS

- Ayuda a encontrar objetos perdidos
- Deshace los hechizos negativos
- Protege
- Inspira la lujuria
- Incrementa las habilidades psíquicas
- Induce visiones

NOMBRES POPULARES

Estramonio, flor de la trompeta, hierba hedionda, higuera del infierno, azucena del diablo, berenjena del diablo, cardo cuco, espantalobos, planta del diablo, trompetilla

ELEMENTO
Agua

PLANETA
Venus

DEDALERA
Digitalis purpurea

PROPIEDADES MÁGICAS

- Protege
- Detiene las habladurías
- Destierra los malos espíritus
- Acaba con las pesadillas

NOMBRES POPULARES

Digital, chupamieles, cartucho, guante de Nuestra Señora, guante de zorro, bilicroques, guantelete, sanjuán, lobera

DEDALERA
Digitalis purpurea

FOLCLORE E HISTORIA

La inconfundible dedalera es autóctona de Gran Bretaña y de Europa occidental. Llega a crecer hasta 150 cm y presenta unas flores en forma de dedal de color violeta, rosado, amarillo o blanco. Produce un fruto repleto de semillas, que pasan del verde al negro al madurar. Cuando no está en flor, la dedalera se puede confundir con la consuelda, así que lleve cuidado si sale al campo a buscar esta última. Debido a un veneno llamado digitoxina, consumir dedalera produce vómitos, diarrea e incluso la muerte, ya que daña el corazón y origina una lenta disminución del ritmo cardíaco.

En el folclore europeo, la dedalera se asociaba con las hadas. En Gran Bretaña, estas flores se llamaban originalmente «guantes de la gente menuda», en referencia al pueblo de las hadas y los duendes, y el rocío recogido de esta planta se utilizaba en hechizos para comunicarse con el pueblo de las hadas. En Inglaterra se consideraba de mala suerte recoger dedaleras, porque se creía que las hadas vivían en las flores en forma de campana y que los puntitos del interior de la flor eran las huellas que dejaban al caminar. Asimismo, se creía que el jugo de la dedalera protegería a un niño pequeño de ser raptado por las hadas. Guardar la planta en el interior de la casa representaba una invitación al diablo.

En el folclore escandinavo, se dice que los zorros llevaban las flores de la dedalera alrededor del cuello y que las hadas les enseñaron a hacer sonar la campanilla como protección contra los cazadores y sus sabuesos. También se creía que los zorros se ponían flores de dedalera en las patas para poder entrar en un gallinero sin ser oídos.

En la antigua Roma, la dedalera estaba dedicada a la diosa Flora, protectora de las mujeres y el parto. Flora hizo que Hera quedara embarazada al frotar su vientre y sus pechos con las flores de una dedalera.

No la toque ni la consuma.

CICUTA
Conium maculatum

FOLCLORE E HISTORIA

Autóctona del noroeste americano, pero naturalizada en Gran Bretaña y Europa, la cicuta es una planta extremadamente venenosa que produce racimos de delicadas flores blancas. Las hojas tienen un olor intenso y desagradable y el tallo es de color violeta con pintas. La cicuta contiene alcaloides tóxicos que afectan al sistema nervioso y, cuando se consume, incluso la dosis más pequeña es capaz de deprimir el sistema respiratorio y causar la muerte. Para quienes no son expertos, es fácil confundir la cicuta con la milenrama, la flor del saúco y la zanahoria silvestre, así que tenga mucho cuidado si sale a recoger estas hierbas no tóxicas, ya que incluso tocar las hojas o las flores de la cicuta puede causar una reacción cutánea parecida a una quemadura.

En el folclore europeo, la cicuta es conocida por su relación con las brujas. En Gran Bretaña se la asocia con la brujería y era un medio común para matar a una persona. En la historia escocesa del siglo XVI, la bruja y curandera Agnes Sampson (conocida también como «la mujer sabia de Keith») fue acusada durante su juicio por brujería de utilizar cicuta para envenenar a gente de su aldea. En *Macbeth*, la obra de Shakespeare, la poción que las tres brujas preparan para invocar las almas de los difuntos contiene raíz de cicuta, lo que demuestra las asociaciones sobrenaturales de esta planta en los siglos XVI y XVII. Por su vinculación con la brujería, se cree que la planta es sagrada para la diosa Hécate.

En la antigua Grecia era costumbre que los condenados a muerte eligieran cómo acabar sus días; el filósofo Sócrates, juzgado y condenado, eligió tomar una taza de cicuta. Por su inmenso conocimiento sobre hierbas, Circe usaba la planta venenosa para matar y hechizar a los hombres que desembarcaban en su isla, Eea. Medea, que se enamoró de Jasón, jefe de los argonautas, empleó también cicuta para envenenar a sus dos hijos y a la hija de Jasón, después de que este la abandonara por la hija del rey Creonte.

Según el saber popular, entre las propiedades mágicas de la cicuta se encuentra la protección. La planta se utilizaba para la consagración y para preparar amuletos destructivos.

No la toque ni la consuma.

ELEMENTO
Agua

PLANETA
Saturno

CICUTA
Conium maculatum

PROPIEDADES MÁGICAS

- Purifica
- Se utiliza para honrar a Hécate
- Simboliza la inmortalidad
  y el renacimiento

NOMBRES POPULARES

Yerba cicuta, perejil lobuno, perejil de
las brujas, sarnosa, helecho de California,
perejil venenoso

MANDRÁGORA
Mandragora officinarum

FOLCLORE E HISTORIA

La mandrágora es autóctona del sur del Mediterráneo y de los Himalayas. Se presenta en racimos de flores de cinco pétalos, acampanadas y de color púrpura, azul y violeta; produce un fruto de color naranja. Cuando se arranca de la tierra, las grandes raíces bifurcadas pueden recordar los brazos y las piernas de una forma humana. Las raíces, hojas, frutos y flores son tóxicos y contienen elevados niveles del alcaloide tropano, que mata incluso en dosis pequeñas. Los síntomas iniciales tras la ingestión de esta planta son delirio y dolor gastrointestinal, y al cabo de un rato el pulso va descendiendo hasta que llega la muerte.

En el folclore, la mandrágora, como la belladona y la cicuta, está muy vinculada a la magia. Al igual que estas otras plantas, la mandrágora era de uso frecuente entre las brujas de la Edad Media como ingrediente para los ungüentos voladores. Se creía que las brujas acudían a los aquelarres volando sobre el palo de sus escobas, cuando en realidad utilizaban esta especie de pomada alucinógena, que se aplicaban sobre la piel con el fin de provocar el vuelo del alma y el viaje astral. La bruja italiana Matteuccia di Francesco, que empleaba ungüento volador para estos fines, afirmaba que la combinación perfecta para conseguir un efecto óptimo llevaba mandrágora, cicuta, opio, beleño, hiedra, acedera, lechuga y el jugo de una mora no madura. Encontrará una receta segura para el ungüento volador en la página 80.

Según el folclore, cuando se arrancaba una mandrágora esta emitía unos gritos tan fuertes que mataban a cualquiera que los oyera. Se creía que una forma extremadamente cruel de arrancar una mandrágora sin morir en el intento era taparse los oídos, atar la correa de un perro a la mandrágora, alejarse y llamar al perro. Cuando el perro echaba a correr, arrancaba la mandrágora y moría por los gritos. Entonces la planta dejaba de gritar, y la persona podía cogerla sin sufrir daño alguno.

No la toque ni la consuma.

ELEMENTO
Fuego

PLANETA
Mercurio

MANDRÁGORA
Mandragora officinarum

PROPIEDADES MÁGICAS

- Purifica
- Protege
- Atrae a los seres queridos hacia usted

NOMBRES POPULARES

Berenjena mora, berenjenilla, uva de moro, vilanera

ELEMENTO
Aire

PLANETA
El Sol

MUÉRDAGO
Viscum album

PROPIEDADES MÁGICAS

- Amor
- Fertilidad
- Vigor
- Potenciación
- Esperanza
- Buena fortuna
- Riqueza

NOMBRES POPULARES

Almuérdago, arfuego, muérdago blanco, liga, visco

MUÉRDAGO
Viscum album

FOLCLORE E HISTORIA

Autóctono de Gran Bretaña y de la mayor parte de Europa, el muérdago es una pequeña planta perenne de ramas bifurcadas y racimos de bayas blancas. Es conocida como parásita porque crece alrededor de otros árboles, como el espino albar, el chopo y el manzano, absorbiendo agua y nutrientes de los mismos para sobrevivir. Aunque no mata a los árboles anfitriones, puede debilitarlos considerablemente. El muérdago no mata al ingerirlo, pero las proteínas tóxicas llamadas foratoxina y viscotoxina pueden causar náuseas y vómitos.

En el folclore nórdico, el muérdago era la única cosa capaz de matar a Baldur, hijo de Odín, dios de la luz, la sabiduría y el valor. Baldur tenía pesadillas sobre su muerte, por lo que su madre, Frigg, obligó a todo el mundo natural, incluyendo animales y plantas, a que juraran que jamás le harían daño. Loki, dios de las diabluras, encontró un muérdago demasiado joven y pequeño para hacerle la promesa a Frigg de no dañar a Baldur. Loki le dio un poco de muérdago a su hermano Hodr. Este, que no entendía lo que estaba haciendo, le lanzó el muérdago a Baldur, que murió. En una de las versiones de la historia, Frigg estaba tan afligida que declaró que nunca haría daño a cosa viviente, que se esforzaría por traer el amor

al mundo, y que besaría a cualquiera que estuviera debajo de un muérdago. En una versión menos triste, Baldur fue resucitado por los dioses y Frigg sintió tanta alegría que declaró que el muérdago sería símbolo del amor, prometiendo besar a cualquiera que se pusiera bajo el mismo.

En el folclore europeo, el muérdago se conoce por la costumbre de darse un beso bajo sus ramas por Navidad. A principios del siglo XVIII se convirtió en parte de la tradición navideña que dice que los hombres robaran un beso a cualquier mujer situada bajo un muérdago. Negarse a ello traería mala suerte.

Los druidas creían que el muérdago era sagrado, una cualidad que se intensificaba cuando crecía en un roble. Cuando este perdía sus hojas en otoño, los druidas pensaban que el espíritu del árbol pasaba al muérdago verde durante el invierno, hasta que regresaba en primavera. Los celtas empleaban muérdago como amuleto protector para alejar a los malos espíritus; lo colgaban sobre la puerta de entrada para asegurarse de que los espíritus malévolos no pudieran entrar.

No lo toque ni lo consuma.

ACÓNITO
Aconitum napellus

FOLCLORE E HISTORIA

El acónito es autóctono de Europa y Gran Bretaña, pero se ha naturalizado en países de todo el hemisferio norte. Conocido también como matalobos, el acónito presenta característicos racimos de flores encapuchadas de un azul violáceo, hojas verde oscuro y unas vainas verdes erectas como dedos que contienen miles de semillas. Las flores, hojas, raíces y semillas son altamente tóxicas y contienen alcaloides como la aconitina. En dosis bajas, estas sustancias causan molestias gastrointestinales, dolores de pecho y entumecimiento y hormigueo en todo el cuerpo. En dosis más elevadas, deprimen el sistema nervioso y alteran el ritmo cardiaco antes de causar la muerte.

Según la antigua mitología griega, el acónito se formó de la saliva del can de tres cabezas llamado Cerbero, que custodiaba las puertas del Hades. La hierba creció allí donde iba cayendo la saliva y recibió el nombre de matalobos. El acónito se asociaba también con Teseo, un gran héroe de la mitología griega, y su padre el rey Egeo. Medea, esposa de Egeo, intentó envenenar a Teseo con una infusión de vino y acónito, pero cuando Egeo vio la espada que llevaba Teseo y se dio cuenta de que era su hijo, agarró la copa y la lanzó al suelo.

En la antigua Roma, el acónito se asociaba con el asesinato. El naturalista romano Plinio el Viejo escribió sobre cómo el senador Lucio Calpurnio Bestia se untó el dedo con acónito y tocó los genitales de su esposa, que dormía a su lado, para matarla. Como consecuencia, Plinio le dio el nombre de *thelyphonon* a la planta, que significa «matamujeres».

En épocas anglosajonas, la punta de las flechas se untaba con la raíz de acónito en las cacerías de lobos, de ahí el apelativo de matalobos. Se creía que el acónito mantenía alejados a los lobos e incluso curaba su mordedura.

El acónito tiene una larga asociación con la brujería. Es la planta más venenosa de Gran Bretaña, pero a pesar de ello, al igual que otras hierbas venenosas, era un ingrediente del ungüento volador de las brujas. Hallará una receta segura de ungüento volador en la página 80.

En el folclore nórdico, esta planta se asociaba con Thor, el dios del trueno, y se conocía como «el sombrero de Thor». Se creía que también era sagrada para el padre de Thor, Odín, dios de la guerra y de la muerte, y Hel, la diosa de la muerte y del inframundo.

No lo toque ni lo consuma.

ELEMENTO
Agua

PLANETA
Saturno

ACÓNITO
Aconitum napellus

PROPIEDADES MÁGICAS

- Protege
- Fomenta el valor y la fuerza
- Sagrada para la diosa Hécate

NOMBRES POPULARES

Matalobos, anapelo, casco del diablo, reina de los venenos

CONCLUSIÓN

El folclore es el conocimiento, las creencias o las prácticas que se han transmitido de generación en generación de forma oral, y existen numerosísimas historias asociadas con las hierbas, las flores, los árboles y las plantas. Es increíble que una buena parte del folclore haya sobrevivido durante cientos y a veces miles de años, y que ahora, al escribirlo, haya quedado registrado para la posteridad para que no se pierda en las arenas del tiempo.

Este folclore enriquece nuestra práctica de brujería porque nos permite comprender mejor las propiedades mágicas y medicinales de estos ingredientes botánicos, y poder utilizarlos hoy día en nuestra práctica, tanto en hechizos como en prácticas curativas. Espero sinceramente que estos relatos no solo le hayan inspirado, sino que el conocimiento que contienen le ayude en su práctica actual y futura.

OBRAS CITADAS

Margaret Baker, *Discovering the Folklore of Plants* (Boxley, 1969)

Rebecca Beyer, *Wild Witchcraft* (Simon Element, 2022)

Paul Beyerl, *The Master Book of Herbalism* (Phoenix Publishing, 1984)

Corinne Boyer, *The Witch's Cabinet* (Three Hands Press, 2021)

Marcel De Cleene, Marie Claire Lejune, *Compendium of Symbolic and Ritual Plants in Europe*, volúmenes 1 y 2 (Man & Culture Publishers, 2003)

Scott Cunningham, *Encyclopedia of Magical Herbs* (Llewellyn Publications, 1985). Versión española: *Enciclopedia de las hierbas mágicas* (Edit. Grupal, 2008)

Cora Linn Daniels, C. M. Stevans, *Encyclopaedia of Superstitions, Folklore & The Occult Sciences of the World*: volumen 2 (University Press of the Pacific, 2003)

Ronald M. Davidson, *Indian Esoteric Buddhism* (Columbia University Press, 2002)

S. Theresa Dietz, *El lenguaje de las flores* (Librero, 2025)

James A. Duke, *Handbook of Medicinal Herbs* (CRC Press, 1985)

Gemma Gary, *Traditional Witchcraft* (Troy Books, 2011)

John Gerard, *Gerard's Herbal* (Random House, 1994)

Jacob Grimm, Wilhelm Grimm, Jacob Browning, *The Pied Piper of Hamelin* (*El flautista de Hamelín*) (George G. Harrap & Co, 1842)

Gabrielle Hatfield, *Encyclopedia of Folk Medicine* (ABC–CLIO, 2004)

R.M. Heanly, *Folklore* (Forgotten Books, 1911)

Fez Inkwright, *Folk Magick and Healing* (Liminal 11, 2019)

James George Frazer, *The Golden Bough: Volume II* (Outlook Verlag, 2020). Edición española más reciente: *La rama dorada: magia y religión* (Fondo de Cultura Económica de España, S. L., 2011, 12 volúmenes). Existen versiones abreviadas.

Paul Kendall, *Mythology & Folklore of Elder Trees* (Trees for Life, 2020)

Sandra Lawrence, *Witch's Garden* (Welbeck Publishing, 2020)

Coby Michael, *The Poison Path Herbal* (Park Street Press, 2021). Edición española: *Herbolario de la senda de los venenos: Hierbas nocivas, solanáceas medicinales y enteógenos rituales* (ITI, 2023)

R.C. Parker, «Psychoactive Plants in Tantric Buddhism.» *Erowid Extracts*, junio 2008, pp. 6–11. https://erowid.org/spirit/traditions/buddhism/buddhism_tantra_article1.shtml

Nigel G. Pearson, *Wortcunning* (Troy Books, 2019)

Christian Rätsch, *The Encyclopedia of Psychoactive Plants* (Park Street Press, 2005)

Sarah Robinson, *Kitchen Witch* (Womancraft Publishing, 2022)

LECTURAS ADICIONALES

Gary Allen, *Herbs: A Global History* (Edible), (Reaktion Books, 2012)

Tom Atkinson, *Napiers History of Herbal Healing Book, Ancient and Modern* (Napiers, 2008)

Michael Brown, *Death in the Garden: Poisonous Plants and Their Use Throughout History* (White Owl, 2018)

Nicholas Culpeper, (editado por Raven StarHawk Cunningham), *Culpeper's Complete Herbal* (CreateSpace Independent Publishing Platform, 2008)

Gemma Garry, *Silent as the Trees: Devonshire Witchcraft, Folklore & Magick,* (Troy Books, 2017)

Jesse Wolf Hardin, *Folk Herbalist: Traditional Practice, Plant Folklore, Kitchen Medicine, & Community Herbalism* (Publicación independiente, 2020)

Fez Inkwright, *Botanical Curses and Poisons: The Shadow Lives of Plants* (Liminal 11, 2021)

Sandra Lawrence, *Witch's Forest: Trees in magic, folklore and traditional remedies* (Welbeck, 2023)

Angela Paine, *Healing Plants of Greek Myth* (John Hunt Publishing, 2022)

Richard Evans Schultes, Albert Hofmann, Christian Rätsch, *Plants of the Gods: Their Sacred, Healing, and Hallucinogenic Powers* (Healing Arts Press, 2001)

Richard Le Strange, *A History of Herbal Plants* (Angus and Robertson, 1977)

Jane Wilde, *Folk Medicine, Plant Lore, and Healing Plants* (Pierides Press, 2019)

Margaret Willes, *A Shakespearean Botanical* (The Bodleian Library, 2015)

ÍNDICE ALFABÉTICO

AGRADECIMIENTOS

Ha sido un verdadero placer escribir este libro, pero no hubiera podido hacerlo sin el apoyo de mi familia y amigos. Me gustaría aprovechar la oportunidad para darle las gracias a mi mamá, a mi papá, a tía Carol y a mi hermana Rachael. Soy la primera bruja de la familia, y al inicio de mi camino por la brujería hace 17 años, mi familia no sabía qué pensar ni cómo reaccionar cuando les conté que era una bruja, pero quiero expresarles mi gratitud por tener una mente abierta y aceptarlo, y por apoyarme aun cuando no sabían nada sobre el arte de la brujería ni en qué consistía mi práctica.

También quiero darle las gracias a usted, querido lector. Para mí es muy importante que haya dedicado un tiempo a leer este libro, y sinceramente espero que haya disfrutado y que su práctica de brujería se haya enriquecido, de un modo u otro. Aprecio su apoyo, tanto con respecto a mis libros como en las redes sociales, donde inicié mi camino hace muchos años. Cuando empecé a escribir mi primer libro, *Magia natural*, en 2020, nunca pensé que cuatro años después me encontraría sentada aquí, agradeciéndoles su cariño y apoyo, mientras escribo mi sexta obra. ¡Y eso es gracias a que me han seguido ayudando! Gracias desde lo más profundo de mi corazón.